JN214439

実践ワクワク経営
WAKUWAKU MANAGEMENT

これからのベトナムビジネス

著 者／実践ワクワク経営チーム

蕪木優典　實原享之　工藤拓人　Tran Nguyen Trung

東方通信社

プロローグ

　ベトナムはドイモイ政策、世界貿易機関（ＷＴＯ）への加盟を経て、着実に経済成長を遂げてきた。１９８６年にスタートしたドイモイ（日本語で「刷新」の意）政策で、経済・政治・社会全般にわたる自由化・民主化路線へと舵を切り、２００７年のＷＴＯ加盟で主に①関税引き下げ②サービス分野の開放③農業分野の補助金廃止④知的財産権保護を進め、直接投資や輸出の急増を促したのだ。

　この勢いはまだまだ続いていく。ベトナムは２０１６年2月4日、ＴＰＰへの加盟を決定しており、ＡＳＥＡＮでもっともその恩恵を受ける国といわれ、ピーターソン国際経済研究所の調査ではベトナムの主要輸出品である衣料品の利益が２０２５年までに46パーセント増の１６５０億ドルになるとされている。また、ベトナム政府もＴＰＰにより、今後10年間でＧＤＰが20パーセント程度伸びると試算している。

　こうしたベトナムの成長のカギを握っているのは約９０００万人の人口とその若さにほかならない。平均年齢が28歳と若く、街中が活気に満ちており、社会でもビジネスでも

「成長」がひとつのキーワードになっている。

もちろん、成長の影には課題もある。ＴＰＰ加盟などを機に輸出が急拡大する一方で、安価な工業製品が流入し、国内の自動車産業などが苦境に立たされる恐れがある。また、人口が増え続けるかぎり、ベトナムの成長トレンドはおそらく10年、20年と続いていくが、そんなベトナムにも少子高齢化の兆しが見えはじめていることにも注意しておかなければならない。実際、ベトナムはＡＳＥＡＮではタイに次いで高齢化が進むといわれており、その勢いは日本以上になると想定されている。２０１７年から高齢化がはじまり、２０３３年には高齢社会（高齢化率が14パーセント以上）になるという見方もあるほどだ。

だが、そうした課題を悲観する必要はない。こうしたトレンドの変遷は日本が過去に経験したことでもあり、日系企業はその経験を生かし、そのときどきにマッチした商品・技術・サービスを提供することで、ビジネスチャンスを掴むことができるからだ。しかし、それにはベトナムの過去、現在、未来を俯瞰する視点が必要になる。そこで、本書では数多くの日系企業のベトナムビジネスを支援し続けているプロフェッショナルたちの知見を結集し、ベトナムの過去、現在、未来を描いてみたい。ここに記した知見が日系企業、そしてベトナムのさらなる発展に寄与することを願いたい。

目次

第3章 ヒートアップする不動産市場

第１章　ベトナムの経済発展史

社会主義市場経済によって実現したベトナムの急成長

　１９９０年代以降、ベトナム経済は外国資本の進出ラッシュを受けて急成長を遂げた。１９９０年から２０００年までの10年間でＧＤＰは2倍以上に伸び、２０００年代半ばには成長率が８パーセント台に到達、現在も５～６パーセント台で推移している。この間、ベトナムは１９９５年にはＡＳＥＡＮ、１９９８年にはＡＰＥＣに加盟をはたし、中国やアメリカとの通商関係を確立させるなど国際機構や先進諸国との関係も拡大。80年代には２００～３００パーセントのインフレ率や不安定な為替相場が常態化していたが、これを金融政策によって収束させたことで国際社会での信用を得て、結果としてＯＤＡなどの国際支援も増加した。

２００７年のＷＴＯ加盟を機に外資規制の緩和も着実に進み、２００８年には一人当たりの所得が初めて１０００ドルに達した。

このようなベトナムの経済発展と国際的地位向上への重要な契機となったのが、１９８６年のベトナム共産党第6回大会で宣言されたドイモイ政策である。「ドイモイ」とは日本語で「刷新」を意味し、端的にいえば社会主義国家ベトナムはこのドイモイによって経済・政治・社会全般にわたる自由化・民主化路線へと舵を切った。といっても社会主義を捨てたわけではなく、共産党による一党独裁体制も依然として続いている。ソ連や東欧諸国が80年代末、社会主義路線からの離脱と資本主義市場経済化に取り掛かったのに対し、ベトナムはあくまでも社会主義を堅持しつつ、市場経済のメカニズムを導入したのだ。たとえば、重要産業は国有企業が担うが、それ以外を民営化し、多くの経済セクターを認め競争と発展を促した。私有財産が一部認められるようになったことも、ベトナム人のやる気を引き出し経済の活性化の一助となった。後発社会主義国家としての柔軟な社会主義市場経済が、90年代以降のベトナムの急成長を実現したといえるだろう。

もちろん、地域間の経済格差や汚職など課題も多い。電力や上下水道などのインフラが未熟で裾野産業も育っていないため、部品や素材を海外からの輸入に頼らざるをえないという状況も続いている。こうした課題を徐々に解決しながら、ベトナムはさらなる経済成長へ向けて歩を進めているところなのだ。

ビジネス面でのベトナムの魅力は優秀な労働力が豊富なこと、安定した政治・社会、中国とＡＳＥＡＮの中間に位置する地理的優位性などがあげられるが、なかでも東アジア各国が少子高齢化にあえいでいるのに対し、出生率が高く平均年齢も28歳と若いことは大きな強みである。人口約９０００万人と日本より市場規模は小さいが、まるで正反対の年齢構造なのだ。人口増の傾向は今後も続くとみられており、消費市場としても有望である。道路整備は急ピッチで進み、携帯電話やインターネットも爆発的に普及している。

とくに尖閣諸島問題などが持ち上がって以降、中国への一極集中を分散させるための「チャイナプラスワン」の有力候補として熱い視線が注がれている。だが、その現在をより深く知るためには、ぜひとも過去にも目を向けておきたい。ベトナムがここまでたどり着くには、長年にわたって他国による支配と抵抗に耐えてきた歴史があり、そしてそれを脱してからも戦争を繰り返して国際社会から孤立し、社会主義的計画経済を行き詰まらせてしまった経緯があるのだ。そこで本章では、ベトナムの歴史を概観した上で、ドイモイ政策の起こりと歩み、その成果、そしてＷＴＯ加盟後の展開について詳しく解説していくことにする。

闘争の歴史と国民性

ベトナム史とは、度重なる外国の侵略との闘争の歴史である。長らく中国の支配下にあったベトナム北部が初めて独立を果たしたのは10世紀のことで、その後も元や明などの侵攻を受けつつ12～19世紀には何度か王朝が入れ替わった。19世紀後半から20世紀中葉までフランス植民地主義に苦しめられ、次いで第二次世界大戦中には日本がフランス支配からの解放を謳って「仏印進駐」、これも結局は侵略だった。

そして大戦終結直後には植民地支配を復活させたいフランスとベトナムとの間に第一次インドシナ戦争が勃発、1954年にはジュネーブ協定によって国家が南北に分断されてしまう。その後、フランスの後を引き継ぐようにアメリカが軍事介入、1965年頃よりベトナム戦争が本格化し、長い泥沼の戦いに突入した。1975年にアメリカ軍が撤退した後も3年間にわたるカンボジア・ベトナム戦争、再び中国と対峙した中越戦争と争いは途切れず続いた。ようやくベトナムに平穏が訪れたのは、1989年にベトナム軍がカンボジアから撤兵してからのこと。かつて「平和を知らない国」といわれたほど、1000年さかのぼっても戦争だらけの国なのだ。

にもかかわらず、不思議と軍国主義的雰囲気がないところはベトナムの特徴のひとつといえる。王朝時代にも、武人よりも文人が尊敬を集めていたといわれるほどだ。タイ、インドネシア、ミャンマーなど近隣諸国やかつての南ベトナムとは違って、旧北ベトナムから現在のベトナム社会主義共和国にいたるまで、生粋の軍人が政治の実権を握ったことは一度もなかった。そのためか、国民性は一般に穏やかであるといわれる。南ベトナム解放戦線政権の外相だったグエン・チ・ビン女史が「ベトナム人は葦です」といったのは、アメリカという巨人がベトナムの葦原で棍棒を振り回しても、葦は薙がれるのみで切られなかったというたとえだったが、実際にベトナム人には植物的で淡泊、柔軟で温和な人が多いようだ。現に長年にわたってベトナム人と接し続けていると、たしかにそのような印象を受ける。

多民族国家としてのベトナム

こうしたベトナム人の気質は、多様な民族を受け入れてきた土壌に由来するのかもしれない。ベトナムは国内に54の民族が共存する多民族国家である。そのうち約9割を占めるキン族は平地の民で、ハノイを含めた紅河デルタ、中部の海岸平野、メコンデルタなどに居住している。残りの1割は53もの少数民族、大多数は山の民だ。北部山岳地帯にはタイ語系民族やモン族、ザオ族などがおり、中部高原地帯にはモン・クメール語系のバナール族やセダン族、マレー語系のエデ族など。南部のメコンデルタにはクメール族、そしてホーチミン市を中心として中国系住人が多数居住している。

このように少数民族はベトナム全土に広く分布し、かつては複数の民族がそれぞれの地域でそれぞれの歴史を歩んでいた。険しい山脈や深いジャングル、大河などの地理的な問題から、各地に分散した人々を統合して支配していこうという欲求が芽生えにくかったというのが、多様な民族とそれぞれの歴史が許された理由のひとつだろう。そもそもインドシナ半島において、国境が国家主権の及ぶ境界線として意識されるのは、西欧列強がこの地域に植民地支配を確立する19世紀中葉以降のことだ。司馬遼太郎はアメリカ軍撤退直後の南ベトナム各地を歩き、人間やその集団の本質について考察した『人間の集団について――ベトナムから考える』のなかで、ベトナムでは「各王朝のころからいまにいたるまで古代的な村落国家の名残りをのこし、村落が最も重要な単位であった」と指摘し、次のように述べた。

王朝が華やかであったころも、「王権といえども村落の垣を越えることはない」と、いわれていた。中国式国家のたてまえをとりつつも、村落のほうが日常的にはより重要な社会単位であるという原始社会的な、もしくは南アジア一般の農業社会の形態を寛大に包みこみつつながい歴史をすごしてきたのである。ある意味では王朝は村落の上に超然と存在していたということもいえるわけであり、極端にいえば王朝と大官たちは村落から孤立していた。これが十九世紀末、わずかなフランス軍の兵力の侵入のためにあっけなく植民地にされてしまった主因をなしている。

主権国家として大きくひとつにまとまるのではなく、多民族が各々「村落の垣」を守りつつ棲み分け・共存してきたベトナムは、まさにそれゆえにフランスや日本、そしてアメリカの支配の手が入り込むのを許してしまったのかもしれない。そして現在、多民族国家としてのベトナムの苦悩は別の形で表面化している。経済成長と並行して、少数民族の多様性を認めながらも国家として統合していく政策が進められているものの、これがうまくいっていない部分があるのだ。ベトナム戦争の際、一部の少数民族が両体制に都合よく利用された経緯があり、当時の確執が各地に残っているためである。また、都市部と農村部との経済格差も根深い。ドイモイ政策による急成長の裏では、さまざまな課題が持ち上がっているのだ。

西欧列強による支配とベトナム戦争

フランスによる植民地支配からベトナム戦争終結までのベトナム史をザッと辿っておこう。

１８４０年、中国とイギリスの間で起こったアヘン戦争がヨーロッパ列強国による東アジア支配の幕を開けた。その流れに乗ったフランス軍は１８４７年、ダナン沖でベトナム軍軍艦を撃沈しベトナムへの侵略を開始。１８８５年には清仏戦争で勝利して清にベトナムに対する宗主権を放棄させ、フランスの保護権を認めさせたことで、ベトナムは完全にフランスの植民地下に入った。その後、フランスはインドシナ総督府を設置し、現在のラオス、カンボジア、ベトナムを分割統治してインドシナ半島全域に植民地支配を拡大した。１９２５年にはインドシナ南部におけるゴムのプランテーションのための労働力として、20万人ものベトナム人が強制移住させられている。

１９３９年に第二次世界大戦が勃発し、翌年にナチス・ドイツの侵攻によってフランスが敗北すると、同年9月には降伏を受け入れた親ナチスのヴィシー政権の承認の下で日本軍がフランス領インドシナに進駐した。フランスの植民地支配からの解放軍を謳っていたが、その実、この仏印進駐は軍事物資と資源を求めての東南アジアへの支配拡大・侵略に過ぎなかった。1945年9月、日本の降伏により第二次世界大戦が終結。フランス、そして日本の支配からの独立運動として1941年に組織されたベトミン（ベトナム独立同盟）がただちに一斉蜂起してハノイを占拠、ホー・チ・ミン主席によりベトナム独立宣言がなされた。

これでベトナムはついに独立をはたしたが、休む間もなくまたも戦勝国の侵略と冷戦構造に巻き込まれていくことになる。ベトナムをもとの植民地に戻して戦争で失われた自国の国力を取り戻したいフランスが各地で攻撃を開始、ベトミンがこれに反撃したことで第1次インドシナ戦争がはじまったのだ。1949年にフランスが傀儡政権を樹立すると、これに対抗して中華人民共和国やソ連はホー・チ・ミンのベトナム民主共和国（北ベトナム）を国家として承認。このあたりから、ベトナムの上に資本主義国家対社会主義国家の構図が描かれはじめる。ベトミンの猛攻によってフランス軍は次第に追いつめられ、最終的にディエンビエンフーの戦いに破れ決定的に勢力・影響力を失った。1954年に和平会談が行われてフランスは撤退したが、この時に結ばれたジュネーブ協定はベトナム南北分裂の原因となった。

そしてフランスの後を継ぎ、「共産勢力拡大を防ぐ」という名目でベトナムに乗り込んできたのがアメリカである。アメリカは1955年、反共産主義者でクリスチャンのゴ・デェン・ジェムを擁立し、ベトナム南部にベトナム共和国（南ベトナム）を成立させた。1961年、ジョン・F・ケネディが米国大統領に就任すると、それまで宇宙開発などでソ連に遅れをとっていたアメリカを立て直すため、キューバやベトナムなどの第3世界への軍事介入を強めていった。1961年の南ベトナムへの駐留アメリカ軍の数は3000人以上、翌年には約1万1000人にのぼった。1963年、暗殺されたケネディに代わって大統領になった副大統領のジョンソンはベトナムへの介入をさらに強め、1965年の北爆（ハノイへの爆撃）をきっかけとして本格的にベトナム戦争がはじまった。同年には北ベトナムへのローリングサンダー作戦、海兵隊のダナン上陸、B52による南ベトナム解放区爆撃、北爆の強化、南ベトナム解放戦線によって占領された南ベトナム領内への枯葉剤散布など、ベトナム戦争は泥沼化していった。

こうしたアメリカ軍の本格介入で劣勢に追い込まれた北ベトナムだったが、1968年1月、ベトナム人民軍と南ベトナム解放戦線は巻き返しをはかってテト攻勢をかけ、サイゴンのアメリカ大使館の一部を一時占拠した。同年末にはニクソンが選挙に勝利して大統領になったが、アメリカ国内では泥沼化したベトナム戦争への批判が高まっていった。そんななか、パリでアメリカのキッシンジャー補佐官と北ベトナム側のレ・ドク・ト特別顧問の間で平和交渉が進められ、1973年1月、アメリカとサイゴン政権（南ベトナム側）、ベトナム民主共和国と南ベトナム解放戦線（北ベトナム側）、全4者が「ベトナムにおける戦争と平和の回復に関する協定」に調印し、停戦協定が成立した。3月29日にニクソン大統領がベトナム戦争終結を宣言、アメリカ軍は南ベトナムから撤退した。その後、ベトナム民主共和国（北ベトナム）の主導で南北が統一され、現在のベトナム社会主義共和国が成立。実に10年以上にわたって続いたベトナム戦争にようやく終止符が打たれたのだった。

しかし、その後もベトナムの戦火は収まらない。ベトナム戦争中は国内の親米勢力に対抗するために共闘していたカンボジア共産党（クメール・ルージュ）がベトナムに攻撃をしかけたのを発端として、3年間にわたるカンボジア・ベトナム戦争が勃発したのだ。1978年12月、ベトナム軍15万人がカンボジアに侵攻しポル・ポト政権を打倒、翌年から10年もの間ベトナムによるカンボジア支配が続いた（1989年9月まで）。さらに1979年にはカンボジアを支援していた中国とベトナム軍との間で中越戦争も起こった。終わらない戦争に明け暮れるうちに、ベトナムは国際的に孤立してしまった。国際社会からの圧力に加えて、国内でも農業合作社の失敗などで社会主義経済が行き詰まり、経済情勢はドンドン悪化していった。こうした状況を打開するために1986年、ついにドイモイ政策が宣言されたのである。

「ドイモイ」とは何か

それでは、いよいよベトナムの行き詰まった社会主義経済を打開し、経済急成長と国際的地位の向上を実現したドイモイ政策についてみていきたい。あらためて「ドイモイ」の意味を確認しておくと、日本語では「刷新」と訳されることが多く、「ドイ（Doi）」は「変化」、「モイ（Moi）」は「新しい」を表す言葉ということになる。ベトナム固有の語が冠されているところに、ほかの社会主義国家の革新政策とは異なる独自の取り組みであることが強調されているように思われる。1986年の第6回ベトナム共産党大会において宣言され、以後ベトナムはベトナム共産党の一党支配による社会主義的な政治体制を堅持しつつ、計画経済から市場経済への転換をはかり、自由化・民主化路線を歩んだ。その結果、GDPは順調に成長し、1996年の第8回共産党大会では「ベトナムは社会・経済危機から脱した」と評価されるに至った。

ドイモイ政策採用とその後の流れ

ドイモイ政策はベトナム国内の社会主義経済体制が行き詰まってから、窮余の一策として提案されたわけではない。自由化・民主化路線の採用に関しては1970年代からさまざまな論争があり、一進一退を繰り返してついにドイモイ政策採用に至ったのだ。一説によると、その萌芽はベトナム戦争中にもみてとることができるという。

政策としての原型は1979年、ベトナム共産党第4期第6回中央委員会総会で提起された「新経済政策」にある。戦時経済体制からの転換をはかって従来の配給制から脱却、請負制の各地での実施を目指した取り組みは一定の成果をあげた。が、1982年12月の第5回中央委員会総会では社会主義的改造の再強調などの揺り戻しがあり、全面的な展開には至らなかった。また、1975年のベトナム戦争終結後、1978年のカンボジア侵攻、1979年の中越戦争と戦乱が続くなか、南部ベトナムで社会主義的改造が一挙に進められ、全国的な農業の合作社化が推進された。全国の農民を強制的に農業合作社や生産集団に加盟させ、大規模な集団生産に従事させるもので、紅河デルタ地帯や山岳地帯など土地により異なる性質は無視され、各地で同一のモデルに従って土地や農具、牛などの共有化が進められた。その結果、農民の意欲は減退し、所得水準はさらに低下、合作社に加入する前に農民が自らの農具や水牛を売り、果樹を切り倒し、土地を捨ててしまう事例も相次いだそうだ。１９８０年までに１５００以上の合作社と１万近い生産集団が設置されたものの、その多くは機能しなかったという。

　農業合作社の失敗にあらわれているように、不安定な政情のなか、旧来的な社会主義路線の強行による混乱でベトナム経済は行き詰っていった。このような段階を経て１９８５年８月、第５回大会第８回中央委員会総会において、国家による中央集権的計画経済からの決別、現物配給制の廃止、独立採算制の導入などが提案されることになった。だが、皮肉にもこの時実施された１００分の１のデノミネーションによる通貨交換や配給切符制度の完全廃止といった試みがあまりにも性急だったため、市場価格は激変し７００パーセントを超えるインフレ状態となってしまった。これを受けて翌年初頭には配給価格と自由価格の二重価格政策に後退せざるをえなくなるが、自由化・民主化への勢いはもはや止まらなかった。そしてついに１９８６年12月、第６回大会において従来の計画経済路線から脱却するための「ドイモイ」が宣言されたのだった。

　その後の流れを駆け足で辿っておくと、一進一退で社会主義志向を堅持しつつ、１９

91年には市場メカニズムと多セクター商品経済を打ち出し、1992年には従来の「80年憲法」を改正しドイモイ路線を成文化した「92年憲法」が公布された。1995年にはアメリカとの国交正常化に加えてASEANへの正式加盟も果たすなど、外交面でも歩を進めた。1996年6月には新たに書記長に選出されたド・ムオイが「ベトナムは経済社会危機を脱した」とし、「ドイモイ推進による2020年までの工業国入り」「党条例の補充・改正」などの方針が掲げられた。そして政策開始20年にあたる2006年以降、ドイモイ政策は定着・発展期に入ったといわれる。

4つの〝刷新〟と多経済セクター

社会主義市場経済化、制度整備など広範な体系としてスタートしたドイモイ政策は、次の4つのスローガンのもとで推進されていった。

思考の刷新（社会主義の達成は長期にわたる過渡期を必要とするという位置づけの下、従来の社会主義路線を変更）

経済発展戦略の刷新（従来の重工業優先から農業重視への転換など、産業政策の見直し）

経済体制の刷新（国営化・集団化による計画経済から、市場経済原理を取り入れた混合経済体制へ移行）
対外戦略の刷新（国際協力への参加を推進）

具体的政策としては、多経済セクターの存在や私有財産の一部を認める、企業の自主裁量権の拡大、海外資本の投資受け入れなどの対外開放、共産党内の民主化、農業請負制の導入などがあげられる。なかでも大がかりな転換だったのが、従来の社会主義経済における国家所有・協同所有に基づく経営だけではなく、多経済セクターによる経済活動が認められるようになったことだ。もちろんこの大転換は一朝一夕で成し遂げられるようなものではなかった。社会主義市場経済の先駆者である中国や１９２０年代旧ソ連でレーニンが主導した民主化・民営化路線の経済政策ネップ（ＮＥＰ）までさかのぼった研究に加えて、日本の戦後高度経済成長期の政府の経済への関与についての調査もなされたようだ。

社会主義市場経済においては、企業の自主性や市場原理に任せる部分と、それをどこまで政府が管理・掌握するか、その線引きをどのように行うかが重要な課題となる。91年の第７回大会で定式化されたベトナムの多セクター企業には、国家・集団・個人・個人資本主義・国家資本主義・外国投資の６つの経営形態があり、いずれも憲法上国民経済の平等な構成員であるとされた。もちろん、ドイモイ政策によってベトナムの国営企業がいっせいに民営化されたわけではなく、なんといっても国家セクターが常に絶対的な比重を占める。民営化されるのは国家が１００《パーセント》資本を掌握している必要がなく、国家が経営に参加しなくてもいいケースのみである。具体的にいうと、国家が資本を掌握する必要がある分野とは、火薬など国家の専売に指定されているものや食糧・石油・ガソリンの卸売、鉱物・金属・エネルギー・化学・薬品・重機・鉄道・航空・海運・通信・銀行、軍需産業・公共交通機関・都市の給水・排水施設といった公益事業、などである。たとえば、民営の機械部品製造業者でも、原材料の鉄は国営企業から購入することになる。ガソリンも小売は民間で自由に価格設定できるが、卸売は政府が握っている。国家・政府は基幹産業を掌握し、資本主義的な経営に負けないよう効率化・合理化した国家セクターによって経済活動を牽引していくというわけだ。民間企業の進出は、最初はもっぱらサービス産業と運輸業が中心だったが、徐々に製造業分野でも活発な取り組みがみられるようになっていった。事実、ベトナム統計総局によると、05年１～10月の工業分野全体の生産高は対前年同期比16・７《パーセント》増で、そのうち民営企業は24・５《パーセント》増だった。01年と比較すると、民営企業は92・３《パーセント》の急増を果たした。生産高に占める各セクターの比重でも民間企業の伸びが顕著だった。物理的強制力や法的強制力によって企業活動を縛り付けるのではなく、多経済セクターによる競争を認めつつも経済の大枠を国家セクターを通じて政府が掌握するという絶妙な舵取りが、ベトナム人の社会的積極性や勤労意欲を引き出した成果である。

このような柔軟な社会主義市場経済の推進によって、ベトナムは経済的・社会的危機から脱し、産業構造の変革と経済成長を実現、国際的地位と国民の生活水準も向上した。以下、ドイモイ政策による主だった成果をより具体的にみていこう。

ドイモイの成果①——経済成長と産業構造の変革

１９７０年代末から80年代初めにかけて、ベトナムでは計画経済が停滞し、国家予算が大赤字になるだけでなく生産・分配・流通も滞り国民生活は困窮する一方であった。このような状況は、１９９１～95年を対象に「市場メカニズムの導入による経済運営と全方位外交の展開でＧＤＰ成長率６・０パーセント以上を達成する」ことを目標として掲げた第５次５カ年計画の達成をもって解消されたといわれる。

実績はどうであったかというと、まず農業生産の年平均成長率が４・５パーセント、工業生産の年平均成長率が13・３パーセントを達成した上、稼ぎ出した外貨が投資に回ることで経済成長に貢献する外需（輸出）が20・２パーセントの高い伸びを示し、国内総生産が年平均８・２パーセントで成長、当初設定された目標が見事に達成された。これは計画期間スタート時の１９９０年に比べると、実質ベースでおよそ１・５倍規模である。先に１９９６年６月の党大会で書記長が「ベトナムは経済社会危機を脱した」と述べたことに触れたが、それ以上の大きな成果が上がったとみてよいだろう。

こうしたたしかな経済成長を基盤として、ベトナムは１９９６年から工業化・近代化を推進していった。製造業と建設業の合計比率は１９８８年には21・６パーセントだったが、２００５年には41パーセントに成長した。また、１９８８年には食糧を60万トン以上輸入していたが、１９８９年以降は逆に米を１００万トン以上輸出、２００５年には４２０万トン輸出する世界トップクラスの食糧輸出国となった。一人当たりＧＤＰも２００８年に１０００ドルを超え、中所得国入りの入口に立ったといえる。

しかし、２００７年以降は１００億ドル超の貿易赤字が続き、ドル需要の急増で自国通貨ドンの対ドル為替レートが下落、加えてガソリン価格の値上がりなどの影響もあって

２０１１年頃にはインフレ率が高騰、低中所得者の生活が苦しくなり経済格差が広がってしまった。

そこで、政府はインフレ対策のために、不動産や証券への融資を減らし金融引き締め路線をとった。それで物価上昇は抑えられたものの、ベトナムの経済減速はより鮮明になった。２０１２年１～９月期の実質成長率は前年同期を下回り、銀行の不良債権問題も深刻化した。引き上げられた金利が、とくに不動産や重工業分野の企業を苦しめ、一時期は倒産も相次いだという。その後は政府による物価の監視などのインフレ抑制策の効果がジワジワとあらわれ、２０１４年の年間消費者物価指数（ＣＰＩ）の上昇率は前年比４・09パーセントとなり落ち着いた。原油安の影響でガソリン価格が下がったことも影響したとみられている。

近年は２０１４年からの法人税率引き下げ（22パーセントから20パーセントへ）による国内企業の活性化、外資企業の誘致強化などの景気対策などによって、あらためて態勢を整えたところだ。まだまだ工業やサービス業の付加価値の伸び率が低く、これからより成長の質を高めるとともに、社会主義市場経済の生産・経営に関する諸制度を整えていかねばならない。ドイモイから30年がたった今、ベトナムは正念場を迎えているといえるだろう。

ドイモイの成果②――財政改善への挑戦

ドイモイ以後、計画経済への市場経済原理の導入によって、国営企業の補助金体質からの脱却、企業の自立採算制、自主権の確立などがはかられ、歳出削減が実現した。国際社会からの援助で赤字が補填される一方で、国債発行による国内資金調達も増加した。補助金制度の廃止や独立採算制への変化で企業の資金調達需要が増し、90年代には国民生活の安定化などで貯蓄率も上昇した。

とはいえ、当時はまだ預金・貸出市場の規模は小さく、遊休貨幣資産（いわゆるタンス預金）も多かった。その後も金融改革が続けられるとともに、アジア経済危機時の外資不足の最中、国民の資金を活用するために１９９９年に日本の制度に学んで郵便貯金制度が設立された。以前は国営企業からの上納金に依存していた国家歳入だが、市場原理に則った税制改革が段階的に行われたことで、歳入に占める租税の比率は90年代半ばに22～23パーセントだったのが２００４年には24パーセントに回復した。だが、複雑な税制や個人・法人の希薄な納税意識、脱税の横行など課題も多く、税務執行能力の強化と税務行政の改革が望まれている。

外資依存からの脱却はめざましい。開発投資に占める外資の比率が1995年の30・4パーセントから2002年には17・5パーセントに低下、その一方で民間セクターの投資が増加、ベトナム人による創業も徐々に増えていった。

ドイモイの成果③——国民の物心両面の生活水準向上

「社会主義の第一義的な目標」である国民の生活水準の向上をはたしたことは、ドイモイ政策最大の成果だったといえるかもしれない。1990年度のベトナム国民の平均年収は200ドルだったが、2005年度には600ドルにまで上がった。雇用機会の増大と貧困撲滅計画は順調に推移し、1991年から2006年に至るまでに年平均100～120万人もの雇用機会をつくり出した。2003年7月の時点で労働力人口4212万8343人中、第一次産業59パーセント、第二次産業16・4パーセント、第三次産業24・6パーセント、都市部の失業率は5・78パーセントと対前年同期から微減した（労働雇用調査報（労働・傷病軍人・社会事業省と統計総局による））。1997～2006年の「国連貧困撲滅の10年」のなかでも、ベトナムの対策は着実に成果を上げているといえるだろう。ただ、依然として7割以上は農民であり、都市と地方との格差は大きい。とくに中北部のラオス国境や海岸部では耕作面積が少なく産業もない地域が多い。

ベトナムの国際的な地位向上

このようなドイモイ政策の諸成果を背景として、ベトナムの国際的な地位は徐々に向上していった。隣国やＡＳＥＡＮ諸国、旧社会主義諸国とだけでなく、先進諸国や国際的組織、国連直轄機関などとも外交関係を結ぶようになり、直接外国投資もＯＤＡなどの国際支援も増加した。１９９５年7月、ＡＳＥＡＮに正式加盟し、２００１年にはＡＳＥＡＮ議長国を初めて務めた。２００４年10月にはＡＳＥＭ首脳会合、２００６年11月にはＡＰＥＣ首脳会議を主催、２００７年１月にはＷＴＯに正式加盟、２００８年１月には初めて国連安保理非常任理事国（任期08～09年）となった。２０１０年には再度ＡＳＥＡＮ議長国を務め、２０１３年11月、国連人権理事会理事国（任期14～16年）に選出された。２０１３年には約10年におよぶ国連ＰＫＯ活動参加への準備期間を経て、施設、医療、監視の分野でベトナム人民軍を派遣することを決定。２０１４年６月に南スーダンのＰＫＯに軍事連絡要員２名を派遣した。ちなみに南スーダンでは、日本の自衛隊も現地の交通インフラ整備や内戦からの避難民支援などに従事している。

　こうした国際舞台でのベトナムの地位向上の変遷において、２００７年のＷＴＯ正式加盟はもっとも大きな転換点だったといえるだろう。これを機に、ベトナムは晴れて貿易や投資、ビジネス面でグローバル市場に参入し、世界共通ルールが適用されることになった。そこで本章の最後に、現在のベトナムの活況にも直結するＷＴＯ加盟後の経済状況について押さえておきたい。

ドイモイから約20年を経て、ＷＴＯに正式加盟

　ベトナムは１９９５年１月のＷＴＯ設立と同時に加盟申請し、その後、12年間にわたる二国間交渉や多国間協議を経て、２００７年１月に正式加盟を果たした。ドイモイの始動から約20年、ベトナム経済がついにグローバル経済に統合され、１万点を超える関税品目のうち３８００品目の関税が２０１４年までに段階的に引き下げられることとなった。

　また、ほぼ同時期に、ＷＴＯと並行してＡＳＥＡＮ域内・域外での包括的経済連携協定や

二国間協定もつぎつぎと発効し、順次関税引き下げが始まった。たとえば、２００５年７月には「ＡＳＥＡＮ中国包括的経済協力枠組協定における商品貿易協定」にもとづき、商品貿易にかかわる段階的関税引き下げを開始。２００７年６月にはタイを除くＡＳＥＡＮ加盟国と韓国との間に「ＡＳＥＡＮ韓国包括的経済協力枠組協定における物品貿易協定」が正式発効、韓国からの輸入品目の90パーセントの関税がベトナム、カンボジア、ラオス、ミャンマーにおいて引き下げられていった。

二国間協定では、日越投資協定が２００４年12月に正式発効、この協定において両国は相互に最恵国待遇（ＭＦＮ）・内国民待遇を供しており、両国企業による投資を優遇する環境整備を約束し、知的財産権保護に関する協議のための規定も盛り込んだ。さらに２００８年12月には日本ＡＳＥＡＮ包括的経済連携協定（ＡＪＣＥＰ）が、２００９年10月には日越経済連携協定（ＪＶＥＰＡ）が発効。インドとのＡＳＥＡＮインド自由貿易協定（ＡＩＦＴＡ）も２０１０年６月に発効しており、ベトナム財政省は全９２２２品目の対インド輸入品目のうち、７４６０品目を減税あるいは無税とした。

こうしたＷＴＯやその他の経済連携・自由貿易協定によって、ベトナム経済は輸出入の増加を通じて大きく発展した。なかでも輸出額の伸びがめざましく、２００７年当時約４８０億ドルだったのが２０１３年には約１３００億ドルにまで増加、年平均20パーセントも成長したことになる。そして輸出額の拡大に伴い、２００７年時点では対輸出額比30パーセントだった輸入超過率が大幅に縮小、輸出入のバランスも安定した。

ＷＴＯ加盟の成果と課題

ＷＴＯの公約に従って、サービス分野の外資への市場開放についても、情報・建設・流通・環境・金融・保険・観光など計11のサービス分野で段階的に規制緩和が進められた。これにより２００７年以降、外国投資家のベトナムへの注目度が急速に高まり、同年の新規・拡張を合わせた対内直接投資は２００６年比73パーセント増の２０３億２５３０万ドルに達した。出光興産や三井化学などのベトナム北中部タインホア省における製油・石油化学プラント案件など、大型投資プロジェクトがあらたに認可された２００８年には、さらに前年比３倍強の６０２億７１４０万ドルにまで増えた。

ただ、この数年間に乗り越えるべき課題が多数持ち上がったのも事実だ。まず外資企業側の視点でみると、業界・業種によっては規制緩和に例外や細則が設けられており、注意が必要である。たとえば参入を後押しする形で２００９年１月以降は外資１００パーセントの小売流通業の参入が解禁となったものの、ベトナムにはエコノミック・ニーズ・テスト（ＥＮＴ）というものがある。これが参入障壁となって、そう簡単にベトナム国内でビジネスを急拡大させることはできない。「ベトナム版大規模小売店舗法」とも呼ばれる独特の制度で、外資企業の２店舗目以降の出店については、同テストを経た政府からの認可が必要となるのだ。時間がかかりすぎるなど、法令と実務の乖離も大きい。外資がライセンスを取得する場合には、その他の規制がなくなったように見えても、申請から認可までにかなり時間がかかってしまうことも多いという。

ベトナム国内経済の課題としては、貿易赤字やインフレ率の上昇などがあげられる。２００８年の貿易は輸出入ともに過去最高を記録したが、経済成長に伴う生産材の輸入が増加し、貿易赤字が過去最大となってしまった。物価高騰に加えて、労働者による違法ストライキが頻発した年でもあった。そして２００９年は米国発の世界金融危機の影響を受け、輸出減少と製造業不振で経済は低成長に。生産材の輸入が減少し、新規対内直接投資が前年比７割減にまで落ち込んだ。

このようにＷＴＯ加盟後のベトナムビジネスにはさまざまな課題が持ち上がったが、

２０１０年には実質ＧＤＰ成長率は６・８パーセントと前年の５・３パーセントから上昇し、世界金融危機による景気減速から回復に転じた。２００７年から２０１１年までを俯瞰してみれば、年平均７パーセントの高経済成長を続けており、人口増傾向や平均年齢の若さからいってもまだまだ伸び代は大きい。この後もベトナムは、極端なインフレによる消費者物価上昇などを抑えるための金融引き締め、海外投資の減速といった難局を乗り越え、ＴＰＰへの参加を見据えてさらに成長していくことになる。事実、ＴＰＰについてはＡＳＥＡＮでもっともその恩恵を受ける国といわれており、ピーターソン国際経済研究所の調査ではベトナムの主要輸出品である衣料品の利益が２０２５年までに46パーセント増の１６５０億ドルになるという。また、ベトナム共産党の第12回党大会では、ドイモイをさらに進めるとし、２０１６年～20年のＧＤＰの成長目標を年６・５～７パーセントに定めた。さらにＴＰＰにより、今後10年間でＧＤＰが20パーセント程度伸びるとも試算している。そのあたりの最新の展開について、次章以降でより詳しく、細かくみていきたいと思う。

ベトナムビジネスの変遷1

80年代まで各方面との紛争が続き、米国からは経済制裁を受ける。
ドイモイ政策の開始、WTO加盟により市場開放

【戦争と国際孤立】

～戦時経済、計画統制経済革命、ソ連からの援助～

1976年	ベトナム社会主義共和国建国
1978年	カンボジア侵攻
1979年	中国との紛争
1981年	ソ連からの援助打切 (世界各国は援助を停止し、ベトナムは孤立)
1986年 12月	ドイモイ(刷新)政策を開始 →社会主義型市場経済を目指す

【外国投資の受入と拡充】

～改革・開放路線に踏み出す～

1989年 9月	カンボジアから完全撤兵
1992年～1994年	越中関係正常化　米国がベトナムへの経済封鎖解除
1995年 7月	越米国交正常化 東南アジア諸国連合（ASEAN）
1996年 1月	ASEAN自由貿易地域（AFTA）参加
1998年	アジア太平洋経済協力（APEC）参加
2003年	日越投資協定締結
2007年 1月	世界貿易機構(WTO)に正式加盟
2010年 3月	環太平洋パートナーシップ(TPP)協定交渉に参加 →積極参加の姿勢

ベトナムビジネスの変遷2

ドイモイ政策の開始と米国の経済封鎖解除、及びWTO加盟により、急成長を遂げる。GDPはドイモイ政策前の約9倍に達している

ベトナムGDPの推移

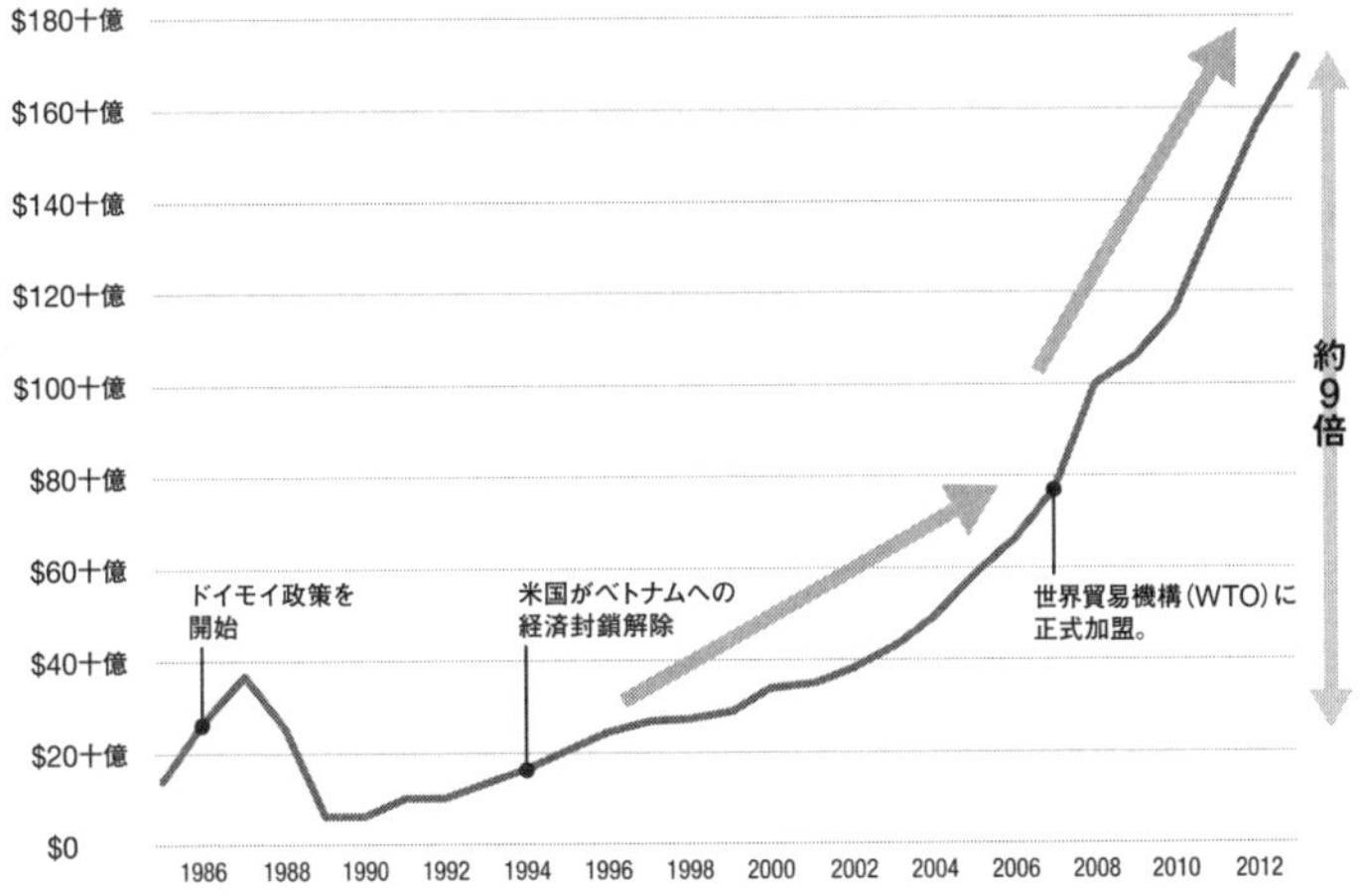

出所：世界銀行

【コラム１：ベトナム戦争の爪痕】

ベトナム戦争はベトナム国土の環境や人心に大きな爪痕を残した。アメリカ軍が本格介入した65年から74年までの10年間で、南ベトナム全人口の57パーセントが難民となったという。民間人43万人が死亡、解放軍・政府軍あわせて１１５万人のベトナム兵、５万６０００人のアメリカ兵が戦死した。アメリカ軍が用いた爆弾は第二次世界大戦の５倍の量に当たる１４２５万トンであり、そのなかには対人殺傷のみを追求したボール爆弾や釘爆弾なども含まれていた。さらに、南ベトナムの緑の４分の１が被害を受けた枯葉剤散布は、後々ベトナムの生態系や人体に深刻な影響を及ぼすことになった。

【コラム２：国民のメンタリティーも変えたドイモイ政策】

長らく他国の支配や侵略に晒され、戦ってきた歴史は、ベトナム人のビジネス上の考え方や心性にも大きな影響を与えたのではないか、という意見がある。たとえば、10、20年単位の大型投資で産業を興すという考え方は戦後のベトナムにおいては非常に根付きにくかったという。かつて大規模な商売は数世紀にわたって中国人や中国系商人が独占していたし、19世紀後半以降はフランス人も参入、工業・鉱業・プランテーションを興した。戦争による破壊のせいで産業基盤も脆弱になってしまう上、次々と強力な支配国が現れるなか、巨大なビジネスはほとんど外国人の手に委ねられていたので、ベトナム人は伝統的に生活圏のなかでの小さな商売に甘んじてきたのである。事実、ベトナムの民族資本による大規模な産業は、歴史上あらわれたことがなかった。日用品を売買するだけの小商人が現在でも多数存在するのは、その名残りといえるだろう。細かな交渉に長け、計算高く、実用的ですばしっこいのが小商人たちの強みだが、中長期的展望にもとづくスケールの大きなプロジェクトを推進する、という発想には馴染みにくい。ドイモイ政策は、こうした小商人的メンタリティーをも変え、多くのベトナム人の潜在的な積極性を引き出したのかもしれない。

【コラム3：かつての戦争の遺恨が残るアメリカや中国との関係の推移】

まず、アメリカとは95年7月に和解し外交関係を樹立、97年5月には大使交換を行った。2000年11月にはクリントン大統領が、南北ベトナム統一後アメリカ大統領として初めて訪越し、米越通商協定を結んだ。さらに13年7月には「越米包括的パートナーシップ」が設立、両国は経済面を中心に近年急速に接近している。アメリカはベトナムを貿易最恵国とし、両国は良好な関係を築きながら多くのアメリカ企業がベトナムに進出、観光客も多く訪れている。ただ、ベトナム戦争中にアメリカ軍が散布した枯葉剤の問題はいまなお、両国間に大きく横たわっている。広範囲にわたる森林を枯れさせただけでなく、400万人ものベトナム人が薬剤の影響を受けたといわれている。アメリカは12年からこの枯葉剤の除去作業をダナンで開始、16年中をめどに完了させるとしているが、ベトナム全土にはダイオキシンが高濃度で検出されるホットスポットが30カ所近くあり、汚染地域をすべて回復させるにはまだまだ時間がかかりそうである。

中国とは79年、カンボジアへの侵攻をめぐって戦火を交えたが、91年11月に関係を正常化した。08年5月にベトナムのマイン書記長が訪中した際には、お互い「包括的かつ戦略的な協力パートナー」となると共同宣言のなかで合意。南シナ海の南沙諸島・西沙諸島問題ではベトナム、中国、台湾、フィリピン、マレーシア、ブルネイなどが領有権を主張しておりいまだ解決には至っていないが、基本的には近年の越中関係は友好ムードを保っている。

第2章 ベトナムビジネスのポイント

ベトナムビジネスの概況

これまで、戦乱が絶えなかったベトナム史とドイモイ政策以後のベトナム経済成長の歩みを概観してきた。では、現在のベトナムはどのような状況なのか。

まずはベトナムの基本情報を紹介しておきたい。ベトナムの面積は33・1万平方キロメートルと日本の約0・9倍で、人口は約9300万人。人口増加率は過去10年平均で1・2パーセントとなっており、日本の人口増加率がマイナス0・2パーセントであるのに対し、優位性がある。だが、一人当たりGDPは2170ドルという状態で、依然として所得水準は低い。宗教に関しては大多数が仏教徒で、日本に比べて信仰心は厚い。首都は北部のハノイだが、商業の中心地は南部にあるホーチミン市となっている。

産業面の動向をもう少し細かく見てみよう。ベトナムは世界の主要な水産物輸出10カ国のひとつに数えられているほか、原油の生産が11年の輸出品目の第2位。２００９年には国内初の石油精製施設も稼働したが、まだ国内需要の30パーセントほどしかまかなえないので、原油を輸出し石油製品を輸入しているのが現状だ。さらに２０２０年に工業国入りを目指しているが、11年の強力な金融引き締め政策以降、やはり建築需要は停滞し、セメントや鉄鋼などの素材産業も伸び悩んでいる。一方で縫製品や工業製品の輸出は堅調に推移している。

では、小売業の動向はどうか。実はベトナムに進出する外資企業にとって、今なお昔ながらの個人商店が小売の大部分を占めるベトナムでの流通・販売ルート確立が大きな壁となっており、ローカル企業の買収によってルートを確保するなどの戦略で進出をはたす企業も多い。だが、その状況は少し変化を見せつつある。たとえば、イオンモールが２０１４年に南部、２０１５年に北部に相次いで誕生し、ベトナム人にとって新たなショッピングスポットとなっているのだ。知ってのとおり、イオンの販売力、流通力はすさまじい。そして、何よりイオンは日系企業であることから、基本的に日系のテナントが多く、これからベトナムでビジネスを展開する会社にとってはきわめて重要な足掛かりとなっている。100円ショップで有名なダイソーなどもイオンモールに出店し、見事に売り上げを伸ばしている。すでにベトナム人にとって「安くて質がいいものを揃えられる店」というイメージになっているようだ。

インフラについては、10年にホーチミン市―チュンルン間にベトナム初の高速道路が開通したのを皮切りに、2015年末にはハノイ―ハイフォン間にも高速道路が開通するなど、幹線道路が徐々に整備されている。が、基本的に産業道路と生活道路は共用なので、とくに通学・通勤時間はバイクで溢れ外国人が利用するにはハードルが高い。各国企業や自治体の支援でそれも徐々に改善されていく見通しだという。電力は慢性的に不足し、停電も多く工場の操業に影響が出ている。12年にベトナム北部で大規模な電力発電プロジェクトが起工されたが、まだまだこれからの話である。上下水道の整備もまだ不十分だ。

これらの社会インフラの整備がやや後手に回っているのに対して、通信インフラの普及はめざましい。ベトナム統計局によると、03年時点でわずか3㌫だった携帯電話普及率は12年には約70㌫にまで伸びた。都市部にはインターネットカフェがいたるところにあり、ホテルやカフェではまずWi-Fiも使える。同じくベトナム統計局によれば、11年8月の段階でネット利用者数は３１３０万人、ブロードバンド加入数は４１０万人。普及率は36・６パーセントと中国よりも高い。中国やベトナム、フィリピン、インドネシアなどの新興国のなかでももっとも普及のスピードが速い。ネット市場規模は日本のおよそ１００分の1程度といわれているが、現在の人口が約９３００万人で、今後も増加していく見込みだから、これからさらにネット市場は拡大していくだろう。

　ベトナムと日本の現在の関わりとしては、直接投資やＯＤＡを通じた経済交流が活発であることにも注目すべきだろう。13年の世界各国のベトナムへの直接投資額をみると、日本が57億５０００ドルで第1位。2位がシンガポールで43億８０００万円、3位が韓国で42億９０００万円、以下中国、ロシア、香港、台湾、タイと続く（外務省ＨＰ http://www.mofa.go.jp/mofaj/area/vietnam/kankei.html）。11年の政府によるインフレ対策のための金融引き締めや公共事業削減の影響で、諸外国からの投資がやや鈍っているなか、日本は積極的に投資を進めてきた。12年10月には日系企業のベトナム進出件数が過去最多を記録。長引く円高に加え、尖閣問題に端を発する日中関係の緊張によって、チャイナリスクを再認識する企業が増えたことも影響したようだ。アジア進出を目指す中小・中堅企業のほか、中国からの工場移転組も多かった。

ベトナムの基本情報

日本の人口が減少する一方で、ベトナムは継続的に人口は増加。
然しながら、一人当たりGDPは世界135位と
依然として所得水準は高くない

	ベトナム社会主義共和国	日本
面積	33.1万k㎡（日本の約0.9倍）	37.8万k㎡ ※1
人口	9,300万人（0.9億人） →人口増加率：1.2パーセント （過去10年平均）	12,538万人（1.25億人） →人口減少率▲0.2パーセント （13年、14年平均）※1
一人当たりGDP	2,028米ドル（世界135位）※2	36,331米ドル（世界16位）
首都	ハノイ（北部） →商業中心都市は 南部ホーチミン市	東京
通貨	ベトナムドン（VND）	日本円（JPY）
宗教	仏教8〜9割	主として仏教

※1出所：統計局データベース
※2出所：IMF World Economic Outlook Databases

ホーチミンとハノイの違い

では、実際に現在のベトナムビジネスはどのようになっているのか、そのあたりを俯瞰してみたい。

ベトナムの国土は南北に１２００キロメートルと細長く、北に政治都市のハノイ市、南に商業都市のホーチミン市という2大都市を抱えている。このふたつの都市はそれぞれ空港を持っており、成田空港や羽田空港からもカンタンにアクセスすることができるようになっている。そのため、ベトナム進出企業の大半はこのふたつの都市のいずれかを選択する。

とくに人気があるのは商業都市であるホーチミン市だ。人口規模は約８００万人と多く、かつまだまだ成長途上にある雰囲気が漂っている。街中を見渡せば、いたるところに建設中のビルが建っている。街中は活気で溢れており、ワーカーも集めやすい。

だが、それゆえの欠点もある。ホーチミン市内はすでに飽和状態かつ環境規制などの問題で、製造業関係の工場を建てることができなくなっており、すでに工場の多くはホーチミン市の郊外や周辺地域に集積するようになっている。転じてＩＴをはじめとしたサービス業関係の企業は展開しやすい状況だが、オフィスの家賃が高騰しているので、10年ほど前に比べるとコストパフォーマンスがよいとはいいがたい。ただ、住宅の家賃に関しては文化的にシェアハウスが一般化しており、数名でマンションを借りるケースが多いので、それほど深刻に考える必要はない。もちろん、駐在員なり従業員なりがその条件を飲めばの話ではあるが。

街だけでなく、インフラの発展も目覚ましい。たとえば現在、中心部のベンタイン市場を起点とした地下鉄開発が進められている。完成のタイミングはどんどん遅れているものの、これが完成すれば市民の足となることは間違いないだろう。また、それ以前にも２０１０年にはホーチミン市近郊のバリアブンタウ省に巨大港湾が整備され、物流の新たな拠点として注目を集めている。

一方、ハノイ市は政治都市といった印象が強い。ホーチミン市に比べて都市化は緩やかだが、それでも人口は約６５０万人と多く、市場性は十分に見込める。また、国や政府の機関が集中しているので、行政とのやりとりが便利といった利点もある。

日本とベトナムの関係性

日本はベトナムにとって最大の援助国でもあり、ビジネスパートナーでもある。現に00～09年までの10年間で、１５３５億ドルのＯＤＡを供与している。主要案件としては、カイラン国際港、ハノイ―ハイフォン間幹線道路、ハイバン峠トンネル、ダナン国際港、ホーチミン市東西幹線道路など、大規模なインフラ整備が多い。ＯＤＡと並行して、03年以降、「日越共同イニシアティブ」を通じたベトナムの投資環境の改善にも注力している。日本の不景気と円安で大手企業が軒並み海外直接投資を削減したことにより、14年の日本の対ベトナム直接投資額は前年比65パーセント減の20億５０００万ドルにとどまった（日本貿易振興機構（ジェトロ））が、ベトナムは日本の製造拠点、資源・エネルギー供給拠点、将来性のある輸出市場として大いに期待されているのだ。

　こうしたベトナムの力は客観的にも高い評価を得ている。大手国際会計事務所の英プライスウォーターハウスクーパース（ＰｗＣ）はこのほど、世界各国における２０３０年から２０５０年までの国内総生産（ＧＤＰ）予測及び経済発展の展望を発表した。それによると、ベトナムの２０３０年～２０５０年におけるＧＤＰ成長率見通しは４・５～５パーセントで、

2030年に世界28位、2050年までにはフィリピン（20位）とタイ（21位）に続く世界22位まで浮上するという。

では、日本からの対ベトナム投資はどうなっているかというと、現在は第1次ブーム、第2次ブームを経て、中小企業、飲食・サービス業を中心とした第3次ブームに入っているとされている。また、対ベトナム直接投資額の累計では、日本は韓国に次ぎ2位となっているなど、日本はベトナムに対して積極的な投資を行い続けていることがわかる。

その要因となっているのは、これまでに述べてきたベトナムの成長性、そして労働コストの（相対的な）低さ、チャイナプラスワンとしての存在にあるのは間違いない。たとえば、労働コストについては、中国沿岸部や韓国はすでに日本並の給与水準といってもおかしくないほどだが、ベトナムではまだまだ日本に比べると低い水準を維持している。ホーチミン周辺の工場などのワーカーの最低賃金は月170ドル程度で、さらに地方であれば月100ドル程度にまで下がる。一方、オフィスワーカーの場合は新卒で月250ドル程度、語学能力があるような優秀な人材の場合は月400ドル程度といった感じだ。また、ベトナムのワーカーはルームシェアするのが一般的なので、家賃に関してはホーチミンであっても一人当たり月20ドルといった感じになっている。

ベトナムビジネスのトレンド

第1次ブーム、第2次ブームが製造業中心であったのと対照的に、
第3次ブームは小売業・サービス業が中心

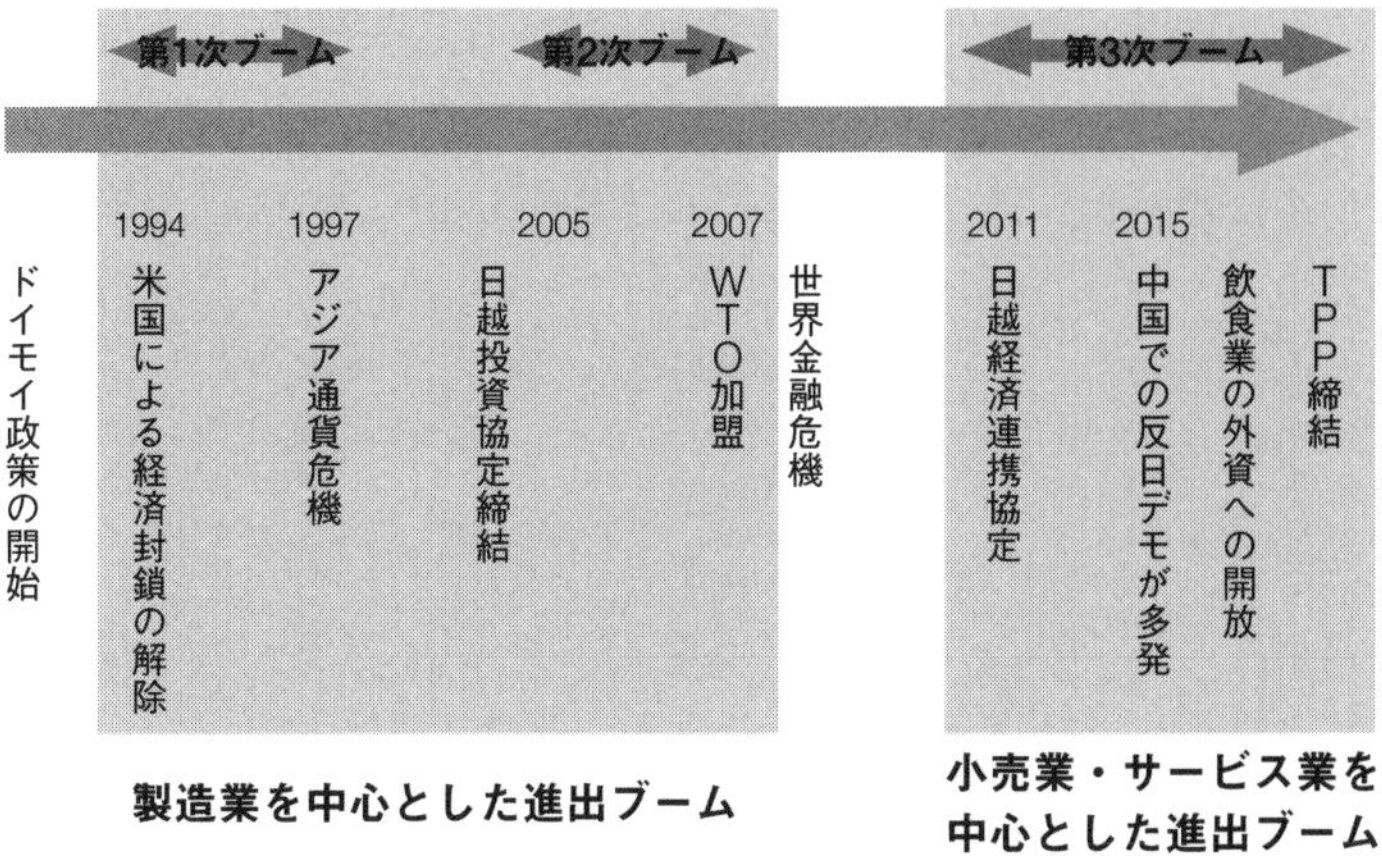

ベトナム投資の魅力（チャイナプラスワン）

中国への一極集中により高まるチャイナリスクの
リスク分散先としても、ベトナムの注目は高い

チャイナプラスワンの考え方

チャイナリスク

知的財産権の侵害や模倣品問題
行政手続きの不透明性
ストライキ・賃上げなどの労務問題
輸出制限や輸入品に対する高関税
中国製品・食品の安全性問題など

＋

プラスワン

中国への一極集中で高まるチャイナリスクを他国にて低減

ASEAN諸国が候補地
なかでも日本企業との親和性が高い
ベトナムが最有力視されている

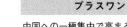

成功のカギを握るのは人材

しかし、いかに成功要因が豊富であるとはいえ、進出企業のなかには成功するところもあれば、撤退するところもある。その命運を大きく分けることになるのはビジネストレンドにマッチしているかどうかといったこともあるが、その大前提として人材をうまく活用できているかどうかという点が重要になる。そこで、具体例を交えながらベトナムビジネスの現状を語る前に、ベトナムにおける人材活用術について触れておきたい。

最初に心掛けてほしいのは、スタートアップ時には優秀な人材を送り込むことだ。エリート海外駐在員の多くはアメリカやヨーロッパに派遣されることが多いわけだが、もしベトナムを重点地域として捉えるのであれば、迷うことなくここにもエース級の人材を送り込むべきだ。ベトナムには多くの日系企業、さらにはグローバル企業が注目しているのだから、そのなかでビジネスを成功に導くには優秀な人材の力が不可欠であるからだ。

当社（アイ・グローカル）がベトナムで起業したとき、日系の会計事務所は一社も存在しなかった。それゆえにここまで急成長を遂げることができたともいえるだろう。だが、現在は数えきれないくらいの同業者がいるため、これからこの業界に飛び込んで勝負するにはそれなりの差別化をはかるため、素晴らしいアイデアか莫大な投資を迫られることになるかもしれない。おそらくほかの業界についてもほぼ同じことがいえるのだが、〝強み〟がはっきりしている場合は迷うことなくエースを送り込み、いち早くビジネスを立ち上げることをオススメしたい。

そして、次に現地で雇用する社員に対しても十分な気配りをしなければならない。いくら一般的な賃金が安いからといって、それに甘んじてしまっては会社としての成長は望めず、いつの間にか多くの社員がほかの会社に移ってしまうことだろう。そうならないためにも、優秀な人材の給与は積極的に引き上げ、全体のモチベーションを高めるように努めなければならない。ベトナムは日本と違って仕事が豊富にある上に、転職するのは当たり前といった社会風潮もあり、優秀な人材を確保したいのであれば、他社よりも良い条件を提示する必要があるからだ。

多くの企業がコストカットを目指して、子会社や工場などの現地化を推進しようとしているが、それは本当の現地化とはいえない。従業員を現地スタッフにするだけでなく、経営陣に昇進できる可能性や十分な報酬を支払ってこそ、真の意味での現地化がはかれるのだ。

だが、優秀な人材と一口にいっても、それを見極めるのはなかなか難しい。現に当社でもベトナムビジネスをはじめた当初は世間一般でいうところの優秀な人材を集めたが、いかに学歴が優秀な人材を採用しても、その人が会社にとって本当にいい人材なのかといえばそうではなかった。ベトナムで世間的に優秀といわれるような人材を採用し、結果的に成果が出なかったことも数多くあった。

時にはスタッフによる情報漏えいが問題になり、それが後になって顧客の目に留まってしまったこともあった。そうした失敗を経て、当社ではただスタッフを一方的に信用するのではなく、たがいに納得した上で守秘義務契約などを結ぶようにしている。

また、採用については、学歴などよりも個々人の性格を重視し、面接の前に人材評価テストを受けてもらうようにしている。日本はもちろん、海外でも使用されている人材評価テストで、選択式の設問に答えてもらうだけで、詳細な分析結果を得ることができるというものだ。テストの結果には一般的な物差しでその人物を採用したほうがいいかどうかが採点されているが、よくチェックすべきは個人の性格や資質について詳細に記載してある部分だ。それを見ながら、社風にマッチするかどうかを考えていけば、より計画的かつ効率的に人材を活用することができる。

社員教育については、個人的にはベトナム人従業員に日本語を強いる必要はないと思うが、ビジネス上の作法や仕事の仕方は念入りに教育しておくべきではないだろうか。いくら勤勉で親日的なベトナム人であっても、とくに日系企業や日本人を相手にするビジネスの場合、このあたりは必須になってくるだろう。

「成長」というキーワードを社員と共有

とはいえ、成長性のある市場で働く若い社員たちは、ついつい他のビジネス、会社に目移りしてしまいがちだ。そこで、大切になってくるのが「成長」というキーワードだ。ワクワクしながら、会社や自分自身の成長を楽しめる社員を募り、イキイキと働いてもらえるような職場づくりを心掛けている。たとえば、成長を意識づけるための取り組みとして、当社では動画制作に力を入れている。社員が講師を務めるセミナー動画や自己PR動画を制作してウェブ上にアップするのだ。そうすることで、社員たちは社内外に自分のことをアピールすることができ、時には評価され、自身の成長を実感することができる。

悪い例をあげよう。仕事を振るにしても、ただ業務だけを伝えて、何のための仕事なのかという目的を伝えないといったことでは絶対にいけない。それではベトナム人従業員はただ使われているだけという気持ちになってしまい、モチベーションが高まらないし、個々人の成長にもつながらない。各人がどのような役割を担っているのかを明確にし、一人ひとりが責任感を持って仕事に臨み、成長できるようにしてあげることが大切である。とにかくベトナム人にとっては、成長が重要なキーワードであり、それを会社全体で共有することが重要なのだ。

ベトナム経済の課題

ベトナムの生活環境は今、グローバル化によって急激に複雑になっている。リーマン・ショックがベトナムに大きな打撃を与えたのもそれゆえだ。また、それ以降も日本の景気悪化に引きずられ、多大なダメージを受けた。ベトナムの財務省によると、ベトナムにおいて２０１３年末に法人税を申告している30万６２９０社のうち、たった34・２パーセントしか税引前利益はなく、それ以外は赤字だという。破産した会社は４万４６０社と従来の四半期よりも１万７０００社も多くなっている。だが、２０１４年以降は世界経済が持ち直したのを機に、ベトナム経済も順調に推移しはじめているようだ。

こうした事象が何を意味しているのか。それはベトナムは海外の影響を大きく受けている国であるということであり、その成長を下支えしているのは先進国であるということだ。実をいうと、以前はとくにそのことを意識する必要はなかった。というのは、ベトナムの労賃は他国に比べて圧倒的に安く、それだけで競争力を有することができたからだ。だが、労賃が上がり、地価が上がったとなると、その魅力は著しく損なわれてしまう。経済がある程度成長したことで、海外からの投資がさらにこれから躍進するであろう近隣の新興国に向かう可能性が高まってきているのだ。

そのため、これからも海外投資をメインに据えていく場合、ベトナムは海外からの投資を常に意識しなければならない。具体的には労働法や海外からの直接投資に関する規制を大幅に変え、外資系企業が労賃や地価が高くても、積極的に投資し続けたいと思えるような環境をつくりあげる必要があるのだ。

だが、それは現時点ではうまくいっているとはいいきれない。たとえば、2000年～2010年の消費者物価指数（CPI）成長率は歴史的に見ても低いし、それとともにインフレ率は高くなっており、国全体が打撃を受けている。専門家によると、この時期、通貨の供給や政策はとても不安定なものだったとのことだ。

また、2011年にはインフレに悩まされたが、その主な原因は未熟な金融政策にあったといわれている。それゆえにベトナムでは不動産投資が急増し、不動産価格が高騰してしまったのだ。では、その高騰する不動産市場がどうなっているのか。次章では不動産という側面からベトナムの現状を切り取ってみたい。

【コラム1：ベトナムでリストラは可能か】

どうしても会社に合わない人材がいるときは解雇を考えなければならない。会社設立の手続きや従業員の給与水準と同じくらいに、「ベトナムで従業員を解雇することはできるのか」という相談が多い。ちなみに法律上、従業員を解雇できるのはつぎの5つの場合にかぎられている。

①労働者が雇用契約上の義務不履行を繰り返した場合
②懲戒解雇事由に該当する場合
③労働者が病欠の上限を超え、職場復帰が見込めない場合
④自然災害などの不可抗力により、雇用削減が不可避な場合
⑤会社が営業をやめる場合

実際には一方的に解雇することはできないにしても、合意のもとでの雇用契約を打ち切ることはできる。解雇の理由を丁ねいに伝えれば、多くの場合、了解してくれるだろう。

また、採用にあたっては試用期間を設けることができるようになっているので、これを活用するのも手だ。なお、試用期間は労働法第27条の規定により、短期大学卒業以上の学歴レベルで最長60日間、専門学校卒業レベルで最長30日間、その他の業務の場合は最長6日間まで定めることができるし、この期間内であれば、雇用者または労働者の通知で契約を取り消すことができる。人によって仕事の向き、不向きというのはどうしてもあるので、シッカリとこの期間内にたがいを見極めておいたほうが得策だろう。

【コラム2：ベトナム人の心を掴むために風習を知る】

ベトナム人と一緒に働くにあたっては、ベトナム特有の習慣を念頭に置いた人事労務システムをつくっていかなければならない。郷に入れば郷に従えとはよくいったもので、そうすることでたしかにベトナム人従業員の心を掴みやすくなるし、コミュニケーションの際の題材としても活用することができる。そこで、いくつかベトナム特有の休日や冠婚葬祭の例をあげておきたい。

・テト（旧正月）

例年1月～2月ベトナムは中国同様、旧正月に一大休暇をとり、地方都市出身の人の多くは帰省する。また、この時期は何かとお金が入用ということもあり、テトの前に賞与を支給するところが多い。テトだけでなく、一般的な祝日の場合にも上司が部下にお小遣いをあげることがしばしばある。

・女性の日／3月8日（国際婦人デー）、10月20日（ベトナム婦人の日）

女性を尊重する日として定められており、男性から女性に何かをプレゼントをするのが通例になっている。何気なくこの日に女性従業員向けにプレゼントを用意しておくと、非常に喜ばれる。とくに日本の商品（化粧品や文房具、菓子など）はベトナム人女性の間で人気を集めているので、ちょっとしたものでもいいからプレゼントするといいだろう。

・中秋名月／例年9月

休日にはならないが、ベトナムでは中秋の名月の時期に月餅を贈り合うという習慣がある。取引先や従業員、気を遣っておきたい場合は、そのほかの関係先にも月餅を用意しておくといいだろう。

・**結婚／休みの期間：3日＋有給**

本人の結婚の場合、労働法上通常の有給休暇とは別に3日間の有給休暇を取得することができる。もっとも、地元で結婚式をあげる人が多いので、日本よりも多めに休みを取り、通常の有給休暇を追加で取得する場合も多い。なお、ご祝儀はベトナム人の間では同僚のときは30万VND、部下のときは50万VND、日本人が部下に渡す場合は、100万VNDから200万VNDが一定の目安になる。

・**葬式／休みの期間：3日＋有給**

父母、義理の父母、配偶者および子どもについては労働法上も最低でも3日は休みを与える必要がある。また二親等や三親等の葬式の場合は、労働法上は無給休暇1日となっているが、儒教の影響も強く、有給休暇を取ってそれ以上に休みを取得する場合もある。

こういったベトナム特有の習慣を知っていないと、あらゆる場面で従業員と話が噛み合わなくなったり、信頼を失ったりしてしまう恐れがある。実をいうと当社でも以前、あまりにも葬式で休む従業員を疑ってしまったことがあった。ベトナムでは遠戚であっても葬儀に参加するのが当たり前なので、場合によっては葬式が重なってしまい、しょっちゅう葬式で休んでしまうことがある。当社の場合はたまたま周りの従業員がそのことを教えてくれたので良かったが、それを本人に問い質していたら信頼関係が崩れてしまっていたかもしれない。

繰り返しになるが、海外ビジネスでもっとも大切なのは「郷に入れば郷に従え」ということだ。ベトナムでビジネスをする際は無闇に日本の習慣を押し付けず、まずは現地でのやり方を尊重するということを忘れてはならない。

【コラム3：ベトナムへの投資と他国の比較】

長く続くベトナム人気

本章でも述べた背景のもと、いまだにベトナム人気は続いている。たとえば、2010年時点のホーチミン日本商工会の所属企業は482社だったが、2016年1月時点では

８０４社になるなど、進出企業の伸びだけでも倍近くになっていることがわかる。また、他国の比較においても、ベトナムはタイ、インドネシアなどと並んで今後の有望事業展開先国と考えられる（左表のＪＢＩＣ調査参照）。

中期的（今後３年程度）有望事業展開先国・地域

2015	2014	国・地域名	2015	2014	国・地域名
1位	1位	インド	11位	12位	マレーシア
2位	2位	インドネシア	12位	9位	ロシア
3位	3位	中国	13位	14位	シンガポール
4位	4位	タイ	14位	13位	トルコ
5位	5位	ベトナム	15位	15位	韓国
6位	6位	メキシコ	16位	17位	台湾
7位	7位	アメリカ	17位	15位	カンボジア
8位	10位	フィリピン	18位	18位	ドイツ
9位	8位	ブラジル	19位	−	サウジアラビア
10位	9位	ミャンマー	20位	−	バングラディッシュ・ラオス・イギリス

（出所）JBIC「わが国製造業企業の海外事業展開に関する調査報告―2015年度 海外直接投資アンケート調査結果（第27回）」
https://www.jbic.go.jp/wp-content/uploads/reference_ja/2016/01/45797/20160127_spot.pdf

このように最終的にベトナムに投資を決定する際、決め手になっているのはどのようなことか。他国との簡単な比較を交えて考察してみたい。

労働集約型産業拠点としてのベトナム

まずはベトナムにおいて製造業企業が工場を設立する場合、他国でなくベトナムが選ばれるのはどのような場合なのかを考えてみたい。

過去に日系企業が中国などでも行ってきたように、親会社や関連会社に輸出するための拠点として工場が設立される場合、当然ながらコストの低さが重視される。大きなコストとしては、土地使用権の使用料や税務コストなどがあるが、とくに取り上げられるのは人件費である。２０１５年の「第25回アジア・オセアニア主要都市・地域の投資関連コスト比較」（ＪＥＴＲＯ）によれば、ベトナムの人件費は上がってきているとはいえ、中国やタイなどに比べればまだまだ競争力があることとわかる。近時は毎年10《パーセント》近い最低賃金の増加となっているが、各国も最低賃金の増額があることにも鑑みれば、しばらくは人件費の面で有利な要素は残っているといえる。また、平均年齢28歳といわれ、かつ人口も約９０００万人と多いため労働力確保がしやすい点もメリットとしてあげられる。

他方で、ミャンマー、カンボジア、ラオスなどのCLMV4カ国のうちの残り3カ国については、人件費だけ見れば競争力があるが、カンボジアやラオスなどは人口の少なさから、ミャンマーについてはインフラが未整備といった点から、工場の環境整備や人員確保が難しいと考えられるケースも多いようだ。

中国、ASEAN各国の月額基本給の比較　（単位：米ドル）

	ワーカー	エンジニア	中間管理職（課長クラス）	非製造業スタッフ	非製造業の課長クラス
中国（広州）	460	783	1,438	970	2,453
台湾（台北）	1,082	1,466	2,137	1,276	2,215
香港	1,851	2,291	3,832	2,245	4,276
ベトナム（ホーチミン）	**185**	**351**	**783**	**477**	**1,202**
ミャンマー（ヤンゴン）	127	681	951	354	978
カンボジア（プノンペン）	113	323	668	434	965
ラオス（ビエンチャン）	112	174	771	378	1,243
タイ（バンコク）	369	681	1,487	663	1,557
フィリピン（マニラ）	267	386	1,075	500	1,272
マレーシア（クアラルンプール）	453	1,000	1,857	991	2,032
インドネシア（ジャカルタ）	263	425	1,015	428	1,201
シンガポール	1,598	2,829	4,362	2,447	4,425

（出所）JETRO「第25回アジア・オセアニア主要都市・地域の投資関連コスト比較」（2015年6月）https://www.jetro.go.jp/ext_images/_Reports/01/20150045.pdf

ベトナムは工業団地整備に長年外資が入ってきていることもあり、ＡＳＥＡＮのなかでは十分なインフラ環境が整っているといわれている。もちろん、その他の先進国と比べれば不十分な面は多々あるが、人件費を含むその他のコストとの兼ね合いを考えるとベトナムに優位性があるのだ。

ベトナムの中継拠点化

とはいえ、このような選び方は、海外向けの製品をつくる単純な労働集約型の拠点として考えていくかぎり、コストの増額によりいつかは厳しくなると思われる。そういった面もあり、単純に日本やその他の先進国への製品の供給拠点ではなく、ベトナムをＡＳＥＡＮやその他のアジア諸国への供給拠点化する動きも多くある。

ＡＳＥＡＮ経済共同体（ＡＥＣ）が２０１５年末に発足し、今後２０１８年までにほぼすべての関税がＡＳＥＡＮにおいて撤廃される。現時点においてもＡＳＥＡＮ間の関税率は96パーセントほどまで撤廃されているが、今後はより関税の撤廃が進むことになる。また、税関手続きのワンストップ化や出入国管理制度の簡素化、さらに東西経済回廊・南北経済回廊などの物理的な道路の舗装も進んでいく。以前からタイを拠点としてＡＳＥＡＮ

各国へ部品や製品の供給を行うというパターンがみられたが、近年や今後の進出については上述のコスト面やインフラ整備を踏まえてベトナムを中心と考えている企業も多数出ているのが現状だ。

また、これまで日本向けに作っていた製品であっても、ベトナム国内の需要が高まり、ベトナム国内で販売しているケースも増えてきている。精密機器や設備の部品、高度な梱包材などについては、これまで需要がなかった国内企業からも需要が生まれ始めているので、ベトナム国内向けとしても成長していく可能性は大きいと思われる。

さらに、単純な海外輸出の話ではないが、２０１６年２月４日に署名されたＴＰＰについても注目すべき点がある。ＡＳＥＡＮでＴＰＰを締結しているのはシンガポール、マレーシア、ブルネイ、ベトナムの４カ国だけ（２０１６年２月現在）であり、このなかで今後も労働集約型産業の中心として考えられるのはベトナムくらいなのだ。日本やアメリカなどからの輸入関税がほぼゼロになるし、逆にベトナムで作った製品もこういった国々に低コストで輸出できるようになる。とくに靴や衣服などは中国製品の牙城を崩していくのではないかと期待されている。ＴＰＰとＡＥＣのいずれにも所属しているベトナムとしては、日本やアメリカその他のＴＰＰ加盟国にとってＡＳＥＡＮの重要な戦略拠点となるのは間違いなく、今後はこういった日本や先進諸国との関係でも中継拠点としての重要性が増してくるだろう。

市場としてのベトナム

では、製品の製造拠点としてではなく、商品やサービスの市場としてはどうだろうか。本書でも記載したとおり、ベトナムは９０００万人以上の人口を有しており、２０１５年末時点で一人当たりＧＤＰが２２００ドル近くまできている。

これは中国の９年前、インドネシアの８年前、フィリピンの5年前の数字と近い数字だ。中国だけは異常にスピードが早いが、ベトナムが２０１６年1月の第12回共産党大会で発表したとおり、６・５~7《パーセント》の成長を続けていけば、他国同様ここから5年程度で一人当たりＧＤＰも３０００ドルを超えていくだろう。３０００ドルを超えれば一般的に消費財・サービスの購入資力も一気にあがるので、９０００万人の大規模な市場がさらに魅力的なものになると思われる。

また、全体としてのＧＤＰ規模としても、ベトナムはすでに約２０００億ドル程度となっており、タイ・フィリピン・マレーシアの規模に近づいている。

（単位：米ドル）

ブルネイ	ベトナム	ミャンマー	ラオス	カンボジア	中国
34941	**796.93**	346.23	601.79	536.15	2076.68
36692	**920.46**	478.71	701.24	627.78	2666.54
42748	**1154.49**	705.35	861.97	741.86	3432.86
31288	**1181.4**	771.57	890.64	734.66	3791.4
35437	**1297.2**	998.38	1069.7	781.91	4504.0
47097	**1532.3**	1117.5	1236.2	877.64	5560.9
47640	**1752.6**	1100.3	1414.4	945.70	6249.0
44540	**1901.7**	1112.1	1593.5	1018.2	6974.8
41460	**2051.17**	1227.8	1693.28	1080.82	7571.54
27759	**2170.8**	1268.6	1785.0	1139.6	8280.0
27817	**2320.70**	1364.0	1876.90	1216.90	8866.00

一人当たりGDPの変化〔ASEAN＋中国〕

	インドネシア	シンガポール	タイ	フィリピン	マレーシア
2006年	1764.79	33579.4	3378.83	1405.21	6264.42
2007年	2064.23	39223.54	3978.30	1683.69	7378.59
2008年	2418.04	39722.15	4379.53	1918.26	8646.57
2009年	2464.9	38577	4205.5	1851.4	7439.4
2010年	3178.1	46569	5062.6	2155.4	8920.4
2011年	3688.5	53122	5479.2	2379.4	10252
2012年	3744.5	54577	5849.0	2610.5	10652
2013 年	3667.3	55979	6152.0	2789.4	10796
2014年	3524.08	56286	5896.3	2862.3	11049
2015年	3415.8	53224	5426.3	2951.1	10073
2016年	3383.8	55509.4	5697.4	3192.15	11090

（出所）IMF「World Economic Outlook Database 2015.10 」の情報を整理
（グレー部分はIMFの推測値）
https://www.imf.org/external/pubs/ft/weo/2015/02/weodata/index.aspx

（単位：10億米ドル）

ベトナム	ミャンマー	ラオス	カンボジア	ASEAN 10ヵ国	中国
66.39	16.74	3.55	7.27	1162.82	2729.75
77.52	23.29	4.22	8.63	1389.62	3523.28
98.27	34.55	5.29	10.34	1618.93	4558.90
101.63	38.07	5.58	10.39	1596.48	5059.72
112.77	49.63	6.84	11.23	1981.40	6039.5
134.60	56.00	8.06	12.82	2290.68	7492.5
155.57	55.61	9.40	14.06	2424.6	8461.5
170.57	56.70	10.79	15.36	2501.69	9490.85
185.90	63.14	11.68	16.55	2518.44	10356.5
198.81	65.78	12.55	17.71	2459.38	11384.6
214.75	71.28	13.44	19.20	2589.23	12253.8

名目GDPの変化〔ASEAN＋中国〕

	インドネシア	シンガポール	タイ	フィリピン	マレーシア	ブルネイ
2006年	396.29	147.80	221.76	122.21	168.08	12.74
2007年	470.14	179.98	262.94	149.36	199.96	13.58
2008年	558.58	192.23	291.38	173.60	238.65	16.03
2009年	577.54	192.41	281.58	168.49	208.91	11.89
2010年	755.26	236.42	340.92	199.59	255.02	13.71
2011年	892.59	275.37	370.61	224.14	297.96	18.53
2012年	919.00	289.94	397.47	250.09	314.44	19.05
2013 年	912.50	302.25	420.17	271.93	323.34	18.09
2014年	888.65	307.87	404.82	284.62	338.11	17.10
2015年	872.62	293.96	373.54	299.31	313.48	11.64
2016年	875.75	308.72	393.02	330.23	350.99	11.85

（出所）IMF「World Economic Outlook Database 2015.10 」の情報を整理
（グレー部分はIMFの推測値）
https://www.imf.org/external/pubs/ft/weo/2015/02/weodata/index.aspx

そのほか、親日的であることや日系ブランドの浸透力もあることなど、日系企業としては今後の市場としてベトナムを考えていくには十分すぎる材料がある。このような点は第3章以降でもすでに各企業が念頭においていることであり、今後の海外進出や企業運営を考える場合にもベトナム市場の購買力は無視できないだろう。

とはいえ、ベトナムではまだまだ法令整備や実務の統一などが進んでいない部分も多く、日々法令や実務の動きの変動に対応していく必要があることは事実である。ただ、このような点は東南アジア各国に多少なりとも共通する課題であり、それを前提としつつも、実際に業務をするとしてどのようなメリット・デメリットがあるかを考えていくべきである。そして、海外進出するかどうか、進出するとしてベトナムなのか他国なのか、ベトナムで展開するとしてどのような形態にしていくのか、を検討していくべきだろう。このような検討をする際には、各国の制度や経済の比較は当然必要だが、そういった中でAPECやTPPといった、一国を超えた枠組みについて考えるのも重要である。

これらの枠組みにおける、さらにベトナムの投資環境・労働力・市場などを見つめ、どのようにビジネスを発展させていくかを検討していかねばならない。

第3章 ヒートアップする不動産市場

大きな変化を遂げつつある不動産市場

ベトナム経済の成長にともない、世界中の投資家の視線がベトナムの不動産に集まっている。まさに今のベトナムにおいて、もっとも熱い分野といっても過言ではない。そこで、この章ではベトナムの不動産市場の現状と最新のトレンドについて紹介したいと思う。

ベトナムの不動産市場に関するもっともホットな話題といえば、２０１５年７月の規制緩和によって、外国人によるベトナムでの不動産投資が実質的に解禁されたことだろう。まだ不動産業界も多少二の足を踏んでいる状況だが、実際に物件を購入している外国人も多数おり、法的・税務的なリスクを正しく把握することが重要と思われる。

まず投資対象としてのホーチミン市の魅力について、改めて説明したい。ホーチミン市はベトナム一の商業都市だ。中国でいえばハノイが北京で上海がホーチミンとたとえられる。人口は８００万人、一人当たりのＧＤＰは４０００～５０００ドルといわれており、全国平均２３００ＵＳドル（ＩＭＳ４月時点）の約2倍、日系企業数も１２００社と国内最多だ。また、これまで国内に一本もなかった地下鉄の一号線開通が２０２０年に予定されている。現在は有名なグエンフエ通り付近で地下鉄工事が進んでいるが、そこから北側の2区を通ってロンタンの方に抜ける予定で、その後もどんどん整備されていく。空港も今はタンソンニャットにあるが、この先10年ほどでロンタン空港の方に移る予定とされている。

広い都市である首都ハノイ市に比べてホーチミン市は、購入場所を絞りやすいという利点もある。ハノイは物件が集中したエリアが点在しており、投資地域が明確でない上に、中心地の価格が高騰し、投資には不向きな状況にある。また、たとえば市内の端から端まで移動するとして、ハノイの場合は渋滞に巻き込まれてしまうとタクシーで1時間以上かかってしまうこともザラだが、ホーチミン市は1区にオフィスが集まっており、タクシーで15分圏内という感じだ。住宅地も1区や3区、ビンタイン区、２区、７区と近隣にかたまっていて、住宅地を含めても片道30分圏内に収まる。

ホーチミン市の周辺にも目を向けてみたい。北部のビンズン省にはVSIPという有名な工業団地がある。日系企業も多数集まっており、大規模なイオンモールも立地している。ただ、ホーチミン市から車で1~1時間半とやや遠い。このあたりの日系企業の駐在員の多くはホーチミンから時間をかけて通勤していたが、最近は近辺にマンションを借りる人が増えている。それに対してホーチミン市東側のドンナイ省は、よりホーチミンから行きやすい地区として知られている。有名な工業団地が散在しており、だいたいホーチミン市やその周辺の2区などから通っている方が多い印象を受ける。

ホーチミン市のなかをもう少し細かくみていこう。中心部の1区には観光地もオフィスも集まっている。タンソンニャット空港から1区まではタクシーでだいたい15から20分ほど。2区には現在、若い日本人夫婦がたくさん住んでおり、欧米人もいちばん多く集まっている。というのも、区内のタオディエンという地域にインターナショナルスクールがかたまっているからだ。日本人幼稚園もあり、人気のベッドタウン地区になっている。開発中の地下鉄一号線もこの2区のバイパス沿いを通るので、それも人気の一因になっているようだ。もう少し南にある7区の特徴は、まだ新しい地区なので新しいマンションが多いのと、日本人・韓国人・台湾人小学校など外国人向け小学校が多いということ。小学生のお子さんを持つ日本人駐在員は居住地として7区を選ぶケースが多いようだ。2区よりもやや1区までの距離があるのと、地下鉄の通り方や将来できる予定のロンタン空港へのアクセスも2区の方が優位なので、より投資価値が高いのは2区の方といえそうだ。ビンタイン区は現時点でもサイゴンパールやマナーといった日本人が数多く住んでいるアパートメントなどがあるので、町中にも近く単純な地理的利点としては一番秀でているかもしれない。もちろん1区の方が条件はよいが、もはや物件があまりないのと、あっても非常に高いという問題がある。

ホーチミン市内の高級住宅ブランド

次にホーチミン市内にあるいくつかの高級住宅ブランドの特徴や現状、展望について解説していきたい。エステラハイツ、トロフィックガーデン、タオディエンマステリ、ビンホームズなどが、いずれも2016、17年完成予定の高級住宅物件を2区に建築中で人気を集めている。たとえばタオディエンマステリの2区の地下鉄の駅の真ん前に直結するマンションは、全４棟売り切れとなっている。価格帯としては平米あたり２０００〜２５００ドルともっとも高級な部類に入り、イメージとしては１００平米の２ＬＤＫで20万ドル強、２５００万円くらいの物件だ。

ビンホームズのビンタイン区の物件では、敷地内に10〜20棟のマンション、さらに多くのヴィラタイプの住宅が建ち、その真ん中に81階建てのランドマークタワーが建つ予定だ。現在市内でもっとも高い建物はビテクスコという68階建ての１区にあるタワーだが、それ以上の高さになる。敷地内には公園だけでなく病院・学校・船つき場などもできるという。また、ホーチミン市に住んでいるとよくわかるが、広告費に膨大な費用をかけており、至るところで宣伝看板を目にする。それからだいたいの高級物件に共通することだが、最低限のキッチンとバス、トイレ以外は自分で整える必要があるので、高級感を出すには費用がかかる。日本より内装費が高いということはないとはいえ、最低２００万円くらいから後は各自の考えで必要な金額をかけなければならない。

エステラハイツは２区のバイパス沿いで、先ほどのタオディエンの物件のすぐ近く、隣りはパークソンという百貨店になっている。シンガポール１００パーセント外資による建物で、すでに４棟の建築が終わり、残り２棟はいま建築中で17年末完成予定、すでにある４棟の方は完売しており、さらに２棟が着工予定となっている。この本が世に出回っているころには完売しているかもしれない。４棟の真ん中にはプールがあり、共用部分の中庭が広いのが特徴。プール自体はどこの高級マンションにもだいたいついているが、ここのプールはとにかく広いという印象がある。

ほぼ売り切れているタオディンマステリだが、こちらもビンホームが出資しているベトナムローカル企業が開発している。立地が抜群にいいのと、敷地内に駅直結のビンコムセンターという有名な百貨店が入るので、ベトナム人富裕層に人気で、15年の上半期でほぼ売れてしまったという物件だ。こちらは16年末完成予定となっている。

２区や７区、３区などに展開しているゲートウェイも平米あたり２０００～２５００ドルで高級感がある。エステラやマステリとほぼ同じ位置のバイパス沿いで、地下鉄の駅前徒歩５分の立地。北側はサイゴン湾まで見渡せるリバービューになっている。イギリス資本が50《パーセント》入っている物件だ。共有部分はあまり広くないが、マンション自体の高級感はここがいちばん高いといわれており人気を集めている。だいたい20万ドル強で１００平米というイメージだ。

このように、ホーチミン市内の高級物件はその高級感に比してかなり値段が抑えられている。

新住宅法施行後の動き

新住宅法が発布されたのは2015年のことで、同年7月1日から施行された。新法の要はもちろん、外国企業・個人の物件所有などの大幅な規制緩和だ。その背景には、ベトナム新築物件があまり売れていないという現状を打開するために、外国人にどんどん買ってもらおうという狙いがある。法律はできたが、ベトナムでよくあるように、具体的な運用が固まっていないところにリスクがある。ただ、「外国人に売りたい」というところから発した規制緩和なので、外国人による売り買いを今以上に制限するということにはならないと思われる。

だが、現状でも買っている人はもちろんいる。住宅販売の状況については、報道ベースで、すでに昨年の上半期、外国人がまだ自由に購入できない状況の時点で去年の3倍に伸びているとのこと。その理由はマステリやビンホームズなどのベトナム富裕層にとってもかなり魅力的な物件が動いていることにあるようだ。それに外国人で、7月にならないと本契約できないにもかかわらず、デポジットを入れてあらかじめ物件を押さえにかかった方もかなりいたようだ。

施行後の7月以降の状況は、業者側の動きとしては、日系は足並みがまちまちで大手ほど動いていないところが多く、各社様子見の状況といったところだ。対してすでに多くの外国人は購入に向かっており、権利書、いわゆるピンクブックなどの申請に移っている方も多いようだ。報道ベースでは7月24日、施行からまだ3週間しかたっていない時点で、ひとつの仲介会社だけで110戸くらい外国人に売った、というニュースが出ていたほどだ。日系でもっとも多く売っている物件としては、ベカメックス東急のビンズン省のソラガーデンだ。こちらについては後ほどじっくりと解説したいと思う。

ところで、ベトナム人の住宅購入の現状としては、一人当たりGDPが2300ドル程度なので、一般人にはハードルが高いのが現状だ。中国では一気に不動産バブルが発生した時期があったが、それは「家を持たないと結婚できない」という独特の文化・風習があったからであるように思える。それによって両親とさらに祖父母が全員でお金を出して孫に物件を買うため、上海市内などに1億円を超える2LDKが急増したのだろう。IMSの一人当たりGDPの情報によると、2007～09年に中国では個人GDPが2000ドルから4000ドルに跳ね上がり、同時期に物件価格も倍増したが、ベトナムの場合はいま2170ドルで、今後5年くらいかけて緩やかに4000ドル程度まで上昇していくとみられる。一般的にいって、一人当たりGDPが3000ドルくらいになると幅広い層での住宅購入が増加するので、ベトナムでもこの5年くらいで一般人による住宅購入も活発になるのではないだろうか。現状ではベトナムの住宅ローンは軒並み利息10パーセント程度と高利だが、徐々に金利も落ち着いてくると思う。

新住宅法の法務面について

物件購入に際してはいろいろと注意すべきこともある。

まず法務面について触れておきたい。ベトナムはあくまで社会主義国だということ、そして規制緩和から間もないことなどを認識しておく必要がある。

そもそも6月30日までがどうだったかというと、外国企業・個人が住宅所有できる旨については定めがあったものの、どういう場合かということについては実は不明確だった。条件としては、たとえばベトナム人と結婚している人といった具合にかなり限定されていたのだ。それが7月1日以降、新住宅法では以下の者に所有が認められるようになった。

①建築投資ができる外国企業・個人が持つ場合
②企業や支店、駐在員事務所などがベトナムの組織であり、ベトナムに住所がある場合
③ベトナムへの入国ができる外国個人

③について、これはどういうことかというと、現時点では「入国ができる個人」であればいい、ということだ。つまりビザを持っているか、日本人のような一方的なビザ免除がある国に関しては、一回入国できたというスタンプがあればいいというわけだ。したがって、不動産会社に物件購入の申し込みをすると、パスポートのコピーをくれといわれ、ビザを提示するか、直近で入国したときのスタンプの頁をＰＤＦで送付したりすればいいということになる。

規制緩和によってそのほかどのようなことが可能になるのかというと、外国企業・個人による住居目的または賃貸目的の購入などがあげられる。

だが住宅の賃借については、外国人個人については可能だが、企業については当該組織のためにのみ使用できるものと限定されていて、賃貸は禁止されている。つまり個人であれば誰に貸してもいいのだが、企業の場合は社宅としてしか利用できないということだ。そのため、企業のオーナーが物件を個人で購入し、現地会社に貸し付けるという形が多くとられているように思う。

あまりに投機的な売買を避けるための規制はいくつか残されている。たとえば、購入賃借はひとつの建物内で30パーセントを超えてはならないとか、別荘などを含む個別住宅については一つの地域で250件を超えてはならないといった具合にだ。中国人などが爆買いしてきたときにそれを制約する目的だと思われる。また、個人の場合の所有期限は証明書の発行から50年とあるが、需要があれば一回だけ期限を延長することができる。

ベトナムで物件を購入する手順

賃貸について説明する前に、物件の購入方法をまとめておきたい。まず購入時には物件探し、デポジット契約、売買契約、日本からベトナムへの送金、物件引き渡し、内装工事、権利証（ピンクブック）引き渡し、という流れになる。

購入自体は仲介会社を通さないといけない場合が多い。たとえばビンホームズあたりだと、各フロアを仲介会社がおさえていてそれを購入するという形になる。仮にそうでなかったとしても、売り手側の仲介会社を通さないといけない。買い手側についてはニーズ次第だが、日系の仲介会社を挟むか、売り手に仲介がいるから物件だけしぼってもらって、そこにいくということであれば通訳だけつければいい。

デポジット契約が多いのも特徴だ。まずデポジット金を入れて、デポジット契約を結べば物件を押さえることができる。あとは期限通りに支払いを進めていくだけだが、その途中で売買契約を結ぶ必要がある。その際には権利関係や平米数、保障条項などを絶対に確認しておくようにしたい。売買契約の価格としては物件自体の価格に加えて法律上、メンテナンス費が2パーセントかかるほか、さらに付加価値税、すなわち消費税と似たような扱いとなるＶＡＴが10パーセントつく。だいたいの送金スケジュールは、できあがっている物件であれば引き渡し時に95パーセント、ピンクブック引き渡しのときに残り5パーセントといった感じだ。プレビルドの場合はできあがるまでに2～3カ月おきに5～10パーセント払っていくスケジュールになる。引き渡し時までに半額払い終わっており、引き渡し時に残りの45パーセントを払い、ピンクブック引き渡し時に5パーセント支払うという流れが一般的だ。

物件引き渡しは当然現物をその場で確認することが鉄則だが、とくに確認してほしいのは売買契約の内容のひとつでもあるが、どこまで設備がついてくるかということだ。

キッチン、バス、トイレに加えて壁紙までついてくる場合もあれば、そもそも何もない、空調はもちろんキッチンもない状態の価格で売買している場合もあるので注意してもらいたい。とりわけ安い物件の場合、内装が何もないから安いということもあるので要注意だ。ちなみに内装工事については日系の業者がいくらでも現地に出ているし、不動産会社経由でローカル企業に依頼してもいいので、そう苦労することはないだろう。

ベトナムで物件を賃貸するには

次に賃貸について紹介しておきたい。賃貸借契約はベトナム語プラス英語か日本語で締結することになる。現時点では、日本人の駐在員はベトナムローカルの貸主か、あるいは一棟貸ししている不動産業者から借りるのが普通だが、今後、日本人オーナーも増加するだろうし、そうなると当然、日本人オーナーは日本企業や日本人駐在員の人気を集めることになるだろう。

また、賃貸に出す場合には住宅管理機関への通知が必要になる。もちろん買う場合には非居住者が買う場合が多いと思うので、空室の管理や貸主探し、修繕・クレーム対応などは外注する必要がある。この場合、やはりコミュニケーションなどの問題を考えると、日系の管理会社などに頼むのがベターではないかと思う。現状、まだ完全に管理についての価格帯を把握できてはいないが、だいたいは日本や周辺東南アジアと同じくらいの価格になると思われるので、およそ賃料の５～10パーセントの範囲で管理料がとられることになるだろう。それから賃料の回収もネックになるので、日本人がいる会社に貸すか、日本人の借主に貸すのが無難かもしれない。

なお、利回りとしては日本よりはるかに高いということはなくて、たとえば20万ドルの物件で月々１０００～１５００ドルで貸せるくらいとのこと。つまり、だいたい利回りとしては４～６パーセントとなってくることが多いようだ。その数字だけみるとあまりメリットはないと思うかもしれないが、物件自体の価値が上がる可能性は高いし、今後下がることも考えにくいので、トライしてみる価値は十分にあるだろう。

さらに家賃収入を得る方法にも注意しておく必要がある。家賃収入はベトナムに個人口座を開設し、ベトナムドン建てで家賃収入を得なければならないが、非居住者個人の投資口座については、銀行によって口座開設を認めていないことがあるからだ。たとえば、日本のメガバンクの支店はそもそも個人口座を扱っていないのでつくれない。ベトナムローカル銀行の多くは口座開設を認めているが、開設方法が面倒だったり、海外からオンラインバンクを使用するのにベトナム携帯電話を求められたりなどの問題が生じるケースもある。まだ担当者や支店ごとに対応が異なる場合もあることから、そのあたりは慎重に確認しつつ進めるべきである。

不動産投資における税務面のポイント

最後にベトナム不動産投資における税務のポイントについても紹介しておきたい。税務は確実にやっておかないと、送金もできないし後で追徴課税などとられて利益がなくなってしまうので、しっかり対応しておかねばならない。どのような税金がかかるのか、非居住者で買う場合はどうやって払ったらいいのか、運用益や将来売却するときの手続き、その際支払うべき税金や送金方法はどのようなものなのか、相続するときにどんな税金がかかるかなど、疑問・不安も多いことと思う。

ベトナム不動産投資のリスクを軽減するポイントとしては、会社で購入すると家賃収入を得ることが禁じられるので、純粋に投資という観点からは個人で購入するようにすることだ。その際、家賃収入と売却収入はベトナムに個人口座を開設し、ベトナムドンで受け取らなければならないことになっているので、このあたりにも注意しておきたい。

ベトナムはもともと社会主義国ということもあって、外資送金のハードルが高い国なので、そのほかにもそれなりの制約がある。たとえば、海外送金時には各種税務申告が完了しているかどうかを確認される可能性が高い。銀行などに確認してみると、税金を払っていることの証明書を出した後ならば送金できるとのことだ。

税務リスクとしては、納税遅延利息や罰金が非常に高額ということがあげられる。きっちり納税しておかないと、後からごっそりとられてなんのためにやっているのかわからなくなってしまうので、十分に気をつけておきたい。将来の利益を確保するにはどのような税金がかかるかを把握し、投資開始時から申告納税することがポイントとなる。

なお、個人の所得税率は5パーセントで、3カ月ごとに申告納税をしなければならないが、固定資産税は形骸的で年数千円程度だ。日本のような高額の固定資産税はないので安心してほしい。ＶＡＴ（付加価値税）や所得税の管理をどうしていくかが非居住者の悩みになると思うが、そのあたりはぜひとも当社にお任せいただきたいと思う。ＶＡＴの申告、レッドインボイスの発行、所得税の納付、納税証明の取得、銀行での送金手続きといったところまで対応できるので、口座だけつくれば万全だ。送金のときもベトナムへ行く必要はなく、委任状を出していただければ対応できる。

売却時のポイントは、売却収入をベトナムの個人口座にベトナムドンで入れなければならないということ。今のところ所得税は利益部分ではなくて売却収入全体に2《パーセント》ということになっており、この部分は日本でも所得税が課されるので、日本側でも税理士などに相談して処理する必要がある。

東急電鉄が挑むベトナムの近郊都市開発

不動産業界の概要をチェックしたところで、日本企業の活躍ぶりにも目を向けてみたい。ホーチミン市の中心地は急速な都市化を経て、いまやすっかり大都会といった感じがする。まだまだ雑多な雰囲気は残っているものの、Ｗｉ-Ｆｉ環境は日本以上と思えるほどだし、コンビニや飲食店も充実している。スーパーや家電量販店などもあり、日本の街と何ら変わらない生活を送ることができる。

だが、ひとたび中心地から郊外に出ると、まだまだのどかな農村風景が広がっている。

日本でも郊外には農村風景が残っているが、農業国といわれるベトナムのそれとは規模が大きく異なる。事実、ホーチミンの中心地から車で1時間も離れれば、日本では北海道くらいにしかない見渡す限りの農村風景を目の当たりにすることができる。それはベトナムの主要産業が農業であるということをあらためて実感させられる風景でもある。

ところが、ホーチミン郊外の農村風景はこの数年で大きく変化し始めている。その代表格とされるのがビンズン省だ。ホーチミンの中心地から車で1時間ほどのところにある地域が、現在、ベトナムでもっとも開発が進んでいる一帯だ。事実、ビンズン省では2013年にロッテマートやBig-C、2014年にイオンのショッピングモール2号店が誕生しており、若者たちにとって、グルメやファッションの中心地となりつつある。

ポテンシャルのあるベトナムでまちづくりを展開

そんなビンズン省で都市開発を進めているのが東京急行電鉄㈱（以下、東急電鉄）だ。同社はビンズン省の約１０００ヘクタールという広大な開発、ビンズン新都市の中に約１１０ヘクタールの開発エリアを擁し、国営企業のベカメックスＩＤＣ社（以下、ベカメックス）と合弁企業「ベカメックス東急」を設立し、総投資枠約１０００億円という大規模な都市開発を展開している。

東急電鉄といえば、日本では田園調布をはじめとしたまちづくりを展開してきたことで知られる。その代表例は紛れもなく田園都市線沿線の街、多摩田園都市だろう。緑豊富なイギリスのレッチワースを彷彿とさせる東急のまちづくりは高度経済成長期の真っただ中にあったサラリーマンの心をわしづかみにし、瞬く間に多くの日本人にとって憧れの地となった。現在、渋谷駅周辺の大規模な再開発が行われているが、こちらの先陣を切っているのも東急電鉄である。そういったノウハウを生かし、東急電鉄はベトナムにおいて、従来のベトナム住宅にはない高い住宅品質だけでなく、安心・安全な生活空間、人々に憩いや楽しみをもたらす施設空間といった街づくりをパッケージで提供しようとしているのだ。

高度経済成長期の都市計画に成功した東急電鉄。その実績とノウハウはおそらく日本から遠く離れたベトナムの地でも成功するのではないか。私たちがそう考える最大の理由は、現在のベトナムの現状が日本の高度経済成長期のそれとよく似ているからだ。日本のベビーブームよろしく、現在のベトナムの人口動態を見てみると圧倒的に若年層が多く、これから住宅を持つ人たちが多い。しかも、投機的な動きによる地価の乱高下というリスクはあるものの、個人所得は増加傾向にあり、中間層や富裕層の人々は日本人と変わらない価値観で、高額な不動産や商品を購入する傾向にある。

転じて日本はどうか。国内の人口は減少傾向にあり、日本創成会議の試算によると、2040年には896もの自治体が人口減で消滅しかねないとまでいわれている。とすれば、当然、東急電鉄をはじめとした鉄道会社による沿線開発にも影響があり、もはや国内においては新たな路線開発およびそれとセットとなった大規模開発などは需要が少なくなる。

だからこそ、東急電鉄は海外に打って出た。日本で培ったノウハウを生かし、海外でのまちづくりに生かそうと取り組み始めたのだ。そして、その先進事例として注目されているのが、このベトナムでのまちづくりなのである。

では、その概要はどうなっているのか。ベカメックス東急は2012年3月からビンズン省にて東急ビンズンガーデンシティの開発に着手し始めた。その場所は14年にビンズン省の新庁舎が完成し、省都移転されたビンズン新都市、もう少し詳細を伝えると、ホーチミン市の中心地から北に約30キロメートル、トゥヤウモット市から10キロメートル、ベトナム南部における有名な観光施設であるダイナム・ヴァン・ヒエンパークの近くである。この一帯は省都の移転を機に住宅やオフィス、商業・娯楽施設、人口増加が予測されており、２０２０年に中央直轄市に昇格される予定となっている。

　この流れを率先して進めるべく、ベカメックス東急は約１１０ヘクタールの開発面積を対象に、約１万戸の住宅、商業施設、業務施設などを開発する予定であり、居住人口約12万人、就業人口40万人という大規模なまちづくりを展開しているのだ。

住宅だけでなく、商業施設や交通インフラも整備

　ベカメックス東急は新都市エリアの入り口にあるゲート・シティというエリアで、すでに高層マンションを建設、販売している。その名はソラ・ガーデンズ、地上24階建て、戸数約４００戸というツインタワーマンションだ。高層階からは眼下に緑豊かで大きな

都市公園が広がり、新都市全体を見渡すことができるし、内装も美しく日本の新築マンションにまったく引けを取らない仕上がりになっている。それもそのはず、そのコンセプトの根幹にあるのは、ハイクラスなライフスタイルの提供であり、緑の多い生活空間、快適な室内空間、日本人担当者による厳格な品質管理・工程管理、プロフェッショナルのビルメンテナンス・管理、セキュリティシステム、停電時100パーセント予備電源対応などを提供しているという。価格は米ドルにして約6万ドルから13万ドル、ベトナムの中間所得層の夫婦でも共働きで頑張れば購入できる水準の物件だろう。

そのほか、ベカメックス東急は庁舎隣接のコア・シティ内でフードコートやファミリーマートなどが入居する商業施設「hikari」を展開している。ゲート・シティ内には大規模な商業施設を計画中で、いずれこのエリアは住宅と商業・サービス施設が一体となった利便性の高い大規模な複合開発エリアとなるだろう。

広大な敷地を生かしたまちづくりはそれだけに留まらない。順次、高層マンションや商業施設のみならず、水と緑のランドスケープと低層住宅が一体となったガーデン・シティ、シンボルエリアのコア・シティなどの二次開発を進めるほか、14年12月19日には路線バス「KAZE SHUTTLE」を本格開業している。ベトナムの交通機関は現在バスが中心で、到着・出発時間は当てにならず、またスリなどの危険なイメージも強いが、「KAZE SHUTTLE」はバス停に掲げた時刻表に基づく定時運行や安全・快適な車両の導入、乗客への丁寧な接客案内など、日本のノウハウを導入した交通システムとなっている。すでにビンズン省新庁舎に勤務する公務員や来庁者、新都市内居住者の通勤・移動の手段として、活用されているようだ。また、土・日・祭日には14年11月1日にビンズン省にオープンしたイオンショッピングモール2号店をつなぐチャーターバスを運行するなど、地元住民のニーズに臨機応変に対応している。

14年12月には「hikari」の前の広場でクリスマスイルミネーションを行い、街の賑わいを演出するなど、ビンズン新都市の賑わい創出にも貢献しているというベカメックス東急。ハードからソフトまで日本ならではの細かい気配りを武器に、東急電鉄はベトナムの発展と共にさらに飛躍を遂げていくことだろう。

以下、アイ・グローカルの社長として、ベトナムで陣頭指揮をとっている實原享之が東急電鉄の現地法人にインタビューを行ったので、その内容を掲載したい。

◆特別インタビュー　不動産業界のベトナムビジネスを知る

都市開発のノウハウと経験を生かして
ビンズン新都市の成長に貢献

〈インタビュアー〉
實原享之（じつはら・たかゆき）
アイ・グローカル 社長

〈インタビュイー〉
内藤大介（ないとう・だいすけ）
東急電鉄ホーチミン市駐在員事務所
副所長

實原　東急電鉄はベトナム国営企業のベカメックスと合弁で２０１２年に東急ベカメックスを立ち上げ、ビンズン新都市の開発を展開していますが、この協力体制はどのようなキッカケで生まれたのでしょうか。

内藤　ベカメックスは２０１２年２月の省都移転に先駆けて、ビンズン新都市にベトナムにおける先端都市を開発することを進めておりました。２０２０年までにベトナムで６つ目の中央直轄市への昇格を目指し、これからも計画的に都市計画が進められることになっておりましたが、ベカメックスとしても初の試み、街づくりのピースをどのように組み立てていけばよいか試行錯誤しているところでした。そこで、ベカメックスの会長は日本で数多くの都市開発の実績を持つ

内藤大介（ないとう・だいすけ）
東急電鉄ホーチミン市駐在員事務所副所長

当社に興味を持ち、担当者間の交流が始まりました。その後、ベカメックスの会長と当社の当時の会長はともに往き来し、話し合いを重ねました。当社の会長は開発前のビンズン新都市を見て、40～50年前の多摩地区を想起して可能性を感じ、ベカメックスの会長は田園都市線沿線を見て、自分が思い描く都市の理想像を見出したそうです。その結果、ビンズン新都市を最高のまちにしようということで思いが一致し、早い段階で合弁会社を設立することができたのです。

實原　お互いに最良のパートナーに出会ったということですね。その可能性の根本の一つは、やはりベトナムの人口動向でしょうか。

内藤　日本側から見ると、その要素は大きいと思います。実際、ベトナムの人たちは平均年齢が約28歳と日本よりもはるかに若く、当面は人口増の傾向にあります。人口

實原享之（じつはら・たかゆき）
アイ・グローカル 社長

減に悩む日本とは対照的に、大規模な都市開発を行い、中長期的なビジョンで成果をあげられる可能性が大いにありますから。ちなみに現在、ベトナム南部の経済は人口900万人のホーチミン市が中心となっていますが、ビンズン省にはそれに追随できるだけの可能性があります。事実、ビンズンの都市開発のスピードは07年にベトナム全体のバブルがはじけた後も変わらず伸び続けています。また、ビンズン省は人口増加率が毎年5《パーセント》と非常に高く、ベトナム1位の伸び率を記録した年もあります。私たちの開発次第ではその数字をさらに伸ばすことができるはずです。

實原　将来のポテンシャルが非常に高い地域ということですね。もう少しこの地域の特徴を教えてください。

内藤　省庁やコンベンションセンターといった公的施設があるほか、開発当初からE-Uというベカメックス資本

100パーセントの東部国際大学があることで知られています。この大学では周辺の工業団地への人材輩出を意識して、ビジネスアドミニストレーションの他、機械や通信といった工学系に力を入れています。看護学科も存在し、近々医学部も設立予定です。この大学には既に約3000人の学生が通っているので、学生たちや大学関係者もまた新都市の市場の担い手となっています。さらに教育機関ということでは、ベカメックスがホーチミン市内でも有名な小中高一貫の進学学校の分校を設立しており、今年併設の幼稚園も開園しましたので、今後、さらにファミリー世帯が流入する可能性が高いと思います。

新都市の予定地には省庁やコンベンションセンターはあるものの、ほとんどはまだ整地しただけの状態で、建物の建設はこれからです。今のところ当社が手掛けたのは、街の入口にあたるゲート・シティにある高層マンション「ソラ・ガーデンズ」とコア・シティの商業施設「hikari」です。なお、この新都市プロジェクトに関わっているデベロッパーは当社だけではありません。すでに約70ヘクタールの敷地を購入し、レンタル工場やオフィスビルを稼働させているシンガポール系のデベロッパーもいます。そういったところともグランドデザインを共有しながら、ビンズン新都市の成長を加速させていかなければなりません。

實原　御社のベトナム事業会社のことも聞かせてください。出資比率はどうなっているのですか。

内藤　出資比率は東急65に対し、ベカメックス35という割合です。ベカメックスはこれまでにもベトナム国内における住宅開発や工業団地開発などで数々の実績を持っていますが、なかでも今回のビンズン新都市の開発には力を入れていることがうかがえます。現にビンズン新都市の街を見てみると、まだ交通量がほとんどないのに片道4車線という広い道路が敷設されていることがわかります。現時点ではとても必要になるとは思えない広さなのですが、ベカメックスはこの街の将来性を加味し、早いうちにこれだけの投資を行ったのです。

實原　ビジネスを展開する上で苦労していることはありますか。

内藤　やはり商習慣の違いは大きいですね。こちらとしては日系企業、さらには東急電鉄という看板がある以上、下手な仕事はできません。むしろ高品質な仕事をするのが当然なのですが、ベカメックスにしてみれば「それではコストがかかりすぎる」ということになります。たとえばマンションの外壁塗装一つとっても、当社では複数回に分けての重ね塗りを推奨したのですが、ローカルの考えでは一度で十分ではないかということになるのです。しかし、長年にわたって住んでいただくことを念頭に置くと、やはり重ね塗りして経年劣化を極力抑えることが欠かせないということで、納得してもらいましたが、仕上がり時の表面的にはわかりづらい＝地味なコストというのはなかなか受け入れがたいようです。そのほか、細かいところでいえば、外構の植栽についても、単価が高くても枝ぶりがよく品のよいものを使いたいという当社と、できるだけそのあたりのコストは下げたいというベカメックスとの間では、時折、齟齬が生じてしまいます。ですが、冒頭で申し上げたとおり、ビンズンを最高のまちにしたいという思いは共有しているので、しっかりと私たちの話に耳を傾けてくれるのはありがたいことです。とにかく真剣に話し合うことで、たがいに折衷点を見つけるようにしています。

實原　ベカメックスが国営企業であることで不都合が生じることはありませんか。

内藤　もちろん、先ほど述べたようにビジネス感覚の違いを感じることはありますが、基本的に当社の考えや意向にしっかりと耳を傾けてくれるので、大きな問題はありません。むしろ想像していたよりも意思決定がスピーディーなので助かっているくらいです。国営企業だからといって、傲慢な態度をとったりするようなこともありませんしね。

實原　次は、看板物件である高層マンション「ソラ・ガーデンズ」のお話を聞かせてください。売れ行きはいかがでしょうか。

内藤　「ソラ・ガーデンズ」は2015年の初めに完成し、現在も絶賛販売中です。地上24階建て、戸数約400室で、竣工後半年も経っていませんが約6割の部屋が埋まっています。購入者は今のところ大半がベトナム人になっていますが、2015年7月からベトナムの不動産法の改正により外国人が購入できるようになったため、外国人の購入者が増え始めています。ビンズン新都市の地価が上がることを見越して、投資目的で購入した人もいるようです。

實原　外国人は、日本人以外の国籍の方も住んでいるのですか。

内藤　台湾や韓国の人たちが多いですね。むしろ日本人よりも台湾人や韓国人の方は、ビンズンに土着されている方も多く、そのような方による検討が多いように思います。そのあたりを見据えて、当社でも外国人スタッフを積極的に採用し、外国人のニーズの把握や対応の向上に努めているところです。

實原　15年4月からマンションの引き渡しを始めたそうですが、居住者からはどのような声が出ていますか。

内藤　おおむねハイクオリティなデザイン、設備などに満足していただいています。ただ、やはり多くの方が言うのは買い物の場がほしいということです。今は新都市内にある2軒のファミリーマートがミニスーパー並の品揃えなのでなんとかなって

販売中のソラ・ガーデンズ

いるのですが、さすがに毎日、ファミリーマートというわけにもいきません。商業テナントも進出を検討してくれているのですが、いかんせんまだまだ居住者が少ないので、具体的なアクションにはつながっていません。まずは私たちが街をある程度の人口規模にし、商業テナントにアピールしていかなければならないと思っています。

實原　住宅に関しては、まずはゲート・シティ周辺の開発を進めていくのでしょうか。

内藤　かならずしもそういうわけではありません。新都市の広大なエリアを効率的に開発していくために、全体的なバランスを考えながら住宅地の建設を進めていきます。次は街の北側に位置する「ガーデン・シティ」と呼ばれる低層住宅と高層住宅がミックスされた一大住宅エリアの開発に取り掛かる予定です。

實原　まだまだ商業施設の開発はこれからといったところかと思いますが、いくつかの施設はすでに稼働しているのですよね。

内藤　コンベンションセンターなどがある「コア・シティ」エリアに「hikari」という商業施設を開業し、そのなかでフードコートやホーチミン市内で人気の和食屋(スシバー)、コンビニ(ファミリーマート)などが営業しています。2014年に移転してきたビンズン省庁舎だけでも2000~3000人もの関係者が働いているので、利用率も高く賑わいをみせています。

實原　この7月1日から規制緩和により、ベトナムでは外資100パーセントで飲食業を営むことができるようになりましたが、外資系の飲食店などの進出は見込めそうでしょうか。

内藤　外資かどうかにかぎらず、まだまだ飲食店の数は少ないのが現状です。ですが、なかには人気店もあります。日系企業が営む「十五夜迎賓館」という和食店はそのひとつです。もともと迎賓館だった建物を利用したお店で、ちょっとリッチな食事、接待や会合などに利用されています。こうした成功事例に追随し、より積極的に日系企業にも進出してほしいですね。一方、最近はローカル資本のカフェがオープンするなど、徐々に活気づいてきているように思います。

實原　都市開発だけにとどまらず、2014年12月には路線バス「KAZE SHUTTLE」を本格開業していますね。

内藤　東急電鉄は日本において、都市と交通の利便性の向上に寄与することで成長を遂げてきました。そのビジネスモデルはベトナムでも変わりません。しかし、ベトナムで鉄道事業者として設備投資するのはリスクが高いので、比較的投資額の抑えられるバス事業を選択しました。第1段階としては旧都市と新都市をつなぐシャトルバスといった感じでしたが、2015年3月に新都市内を循環するフィーダーバスが開業、徐々に新都市内を循環するフィーダーバス、さらには現在工事が進められているホーチミン都市鉄道などにもアクセスできるようにし、交通ネットワークを形成していきたいと考えています。こうして交通インフラが整備されていけば、ビンズン内での職住近接はもちろん、ビンズンに住みながらホーチミンで働いたり、その逆でホーチミンに住んでビンズンで働くといった多様なライフスタイルも見えてくるかもしれません。

ちなみに、ベトナムも含めて海外で外資系企業が公共交通機関に参入するのは今回が初のケースだそうです。現在は日本製バスが右ハンドル中心という関係もあって韓国製の輸入バスを使用していますが、次は日本メーカーも技術協力しているベトナム製のバスも検討しています。ゆくゆくは日本製の電気自動車など、エコに貢献できるようなバスを導入してみたいですね。

實原　交通インフラもさることながら、ビンズン省に住み、働ける環境を整えることも大切かと思います。東京と異なり、このあたりはまだ製造業以外の産業がありませんが、その点についてはどのようにしていく予定ですか。

内藤　当社が先頭に立って企業誘致を進めることはできませんが、それを下支えするような仕組みを整えていきたいと思います。たとえば、オフィスビルのワンフロアをビジネスセンターとして活用し、そこに若手の起業家が安く、安心して入居できるような環境を整備してみたいと考えています。東部国際大学などと連携すれば、大学発ベンチャーを次々と増やしていくこともできると思います。

實原　当社はすでにビンズズン新都市に拠点を設けることを決めているので、ぜひともタッグを組んでビジネスセンターを運営させていただきたいですね。当社は日系企業へのベトナム進出コンサルティングや進出後の経営管理のサポートをしているため、ビンズズン新都市に拠点を持ちたい日系企業の誘致のお手伝いができると思います。

内藤　それは心強いですね。ぜひともよろしくお願いします。産業創出という点では、私自身、二子玉川で「カタリストBA～オープンイノベーションのための知の交差点～」という取り組みに関わってきた経験があるので、そのノウハウも生かしていきたいと思っています。カタリストBAは11年に当社と地元の方々で推進した再開発の街「二子玉川ライズ」に設けたコミュニティスペースで、人と情報のコネクションポイント、新しい価値を生み出すナレッジスタジオ、価値を具現化していくインキュベーターとしての役割を担っています。具体的には地域住民がビジネスやワークショップ、イベントなどで利用できるほか、周辺住民やクリエーター、イノベーターとの交流の場としても機能しています。ビンズズン新都市はこれからますますグローバルな人材が集う街になっていくので、このような考え方も取り入れ、人材と地域のハブとなるような場づくりも考えていきたいと思います。

實原　まさにそのような発想がこれからの街を形成していくと思います。ところで、まちづくりといえば行政との関わり合いも重要かと思いますが、そのあたりについてはどうでしょうか。

内藤　ベトナムというと、行政の対応が鈍い、アンダーテーブル文化が残っているといった印象があるかもしれませんが、ビンズン省に関してはそのようなことはほとんどありません。バス事業における様々な新規施策を始める時もこちらが提案したら即決してくれましたし、ベカメックス同様、よいと思ったらスピーディーに動いてくれます。まさに「打てば響く」といった感じなので、これからも積極的にまちづくりに関する提案を投げていきたいと考えています。

實原　これからもビンズン新都市の成長をしっかりと牽引していってください。

本インタビュー記事は2015年夏に取材したものです。

第4章

中間層の拡大とともに輝く日系企業

ベトナム市場に大手も中小も注目

先ほど一番ホットな分野として不動産業界を取り上げ、さらにその分野で活躍する企業として東急電鉄の動きにスポットを当てた。本章ではその流れを受け、不動産業以外の業種における日系企業の動きに焦点を当ててみたい。

近年の動向をみるかぎり、ベトナムに進出する企業で多いのはＩＴ企業やサービス業、小売業である。もともとＩＴ企業やサービス業は投資額が比較的小さいので、経営者がベトナムで自社の強みを見出し、ヤル気にさえなれば容易に進出することができるという点が大きい。

以前のようにベトナムの賃金の安さに目を付けるのではなく、ベトナムを市場として捉える傾向が強いことにも注目したい。先に述べたイオンモールの例もそのあらわれだし、そのほかサッポロビールなどもベトナムで積極的にPRを展開している。実際、サッポロビールの商品は飲食店やコンビニなどで当たり前のように見かけるようになってきた。しかも同社の場合、たんにビールを販売するだけでなく、日本のビールメーカーで初めて現地工場を稼働させている。ベトナムではすでに地元産のサイゴンビールやシンガポールブランドのタイガーなどがシェアを獲得しているが、これから拡大する東南アジア市場を見越して、工場建設にまで踏み切ったのではないだろうか。

ハノイ・ホーチミン市内を見てみると、日本食関係のレストランが増えてきていることにも気がつく。もともとベトナムにある日本料理の店といえば、駐在員向けの「寿司居酒屋」的な店が多かったのだが、徐々にそういった店にベトナム人も足を運ぶようになってきており、日本食の一般的な認知度が高まりつつある。たとえばラーメンなどは麺文化が発達しているベトナムでは、比較的、受け入れられやすい食文化であるように思うし、焼肉の牛角、お好み焼きの千房といった人気チェーンのほか、本格的な寿司屋も何軒かしっかりと根をおろしている。

たとえば、ある寿司屋では、日本の寿司屋でしっかりと修業を積んだ日本人の大将がベトナム近海のネタを巧みに使用し、ベトナムならではの寿司を提供してくれる。しかも、大将は江戸前の職人で、ひとつひとつの寿司に江戸前ならではの技がきいている。その手にかかれば、普通だとちょっとクセがありそうなベトナムの魚も、目に美しく、舌においしく食べることができる。これはまさにベトナムでしか食べられない寿司なので、よく日本からのお客様をお連れし、喜んでもらっている。また最近はこうした日本人だけでなく、ローカルの人たちも本格的な寿司を食べられるということで頻繁に足を運んでいるようだ。

ベトナムにおけるＩＴと広告業界

ＩＴや広告といった業界でベトナムで頭角をあらわしている日系企業がある。「インターネットによるマーケティング革新」を掲げる㈱ブレイク・フィールド社だ。同社は今年16期目を迎えたネット専門の広告代理店。井田正幸社長によれば「ファイナンスとヘルスケアに特化した比較サイトを運営すると同時に、そこで培ったプロモーションノウハウを生かし、顧客により効果的な広告を提案するネット広告代理店業を展開してきた」という。

そんな同社が海外進出を計画しはじめたのは4年ほど前のこと。目をつけたのはベトナムだった。まだ経済発展の途上にあり、広告代理店業の進出も少なかったからだ。「東南アジアは成長市場なので、私たちもその機運をビジネスに取り込んでいきたいという思いがあった。まずはどこの国とは決めずに1年半くらいかけて各国を回り、当初は中国進出が俎上にあがっていた。しかし、中国は大手企業が多数参入しており、競争が激しいと考え、東南アジアに目を向けた」と振り返る。

同社がベトナムで最初に手掛けたのはタレントのブログ広告などを活用した事業だった。「旅行会社と提携してタレントとコラボしたベトナム旅行商品を企画したり、起業ポータルサイトの協力でベトナムでの起業ツアーを実施したり、いくつかの事業を通じて現地の若い起業家などとのコネクションを構築していった」という。

こうして着々とベトナムでのビジネス展開の準備を整えた同社は2013年夏、初の海外における自社メディア製作に挑戦する。「当時、ベトナム人は日本の文化についてほとんど馴染みがないという状況だったので、日本の〝今〟を伝えるメディアをつくろうと考えた」と井田社長は話す。

まず取り組んだのはウェブサイトではなく紙媒体だった。「共産圏であるベトナムにおいては、当時はまだSNSのフェイスブックが解禁されておらず、ネット上での情報受発信や交流は現在ほど盛んではなかった。そこで、現地の大手新聞社と手を組み、フリーペーパーとして新聞に挟み込めるようにした」という。完成した冊子『PREMIUM JAPAN』はベトナムで大きな影響力をもつ二大新聞のひとつTHANH NIEN新聞社の全国紙46万部に同梱配送され、一挙にベトナムで日本を紹介する最大規模のメディアになった。「日本の都市型生活にフォーカスし、『スタイリッシュで高級感のある日本』『カッコイイ日本』を紹介したことでベトナムの若者たちの目を惹き、現地に進出している日系企業の広告の需要も掘り起こした」のだ。

それにしてもベトナムという社会主義国において、出版や広告といった業種に取り組むのに困難はなかったのだろうか。「出版や広告代理店に関しては外資に規制がかかっており、たしかに参入は難しい。当社にはコネも何もなく、単独での参入は困難だった」と井田社長。そこで、同社はベトナムの二大新聞のひとつにアプローチし、何度も打ち合わせを重ねていった。しかし、それにはやはり時間がかかった。「打ち合わせのたびに上の人たちがドンドン出てきて、それぞれ違うことを話し出すので、とにかく時間がかかったが、それでも最終的にこちらの意志や意図が通じ、まだ会社を立ち上げていなかったにもかかわらず、日本情報を詰め込んだフリーペーパーの制作を行うことができるようになった。ベトナムにはないデザインだったこと、日系企業のスポンサーを募る糸口になることなどに面白味を感じてくれたのだと思う」と。

その後、ベトナムでフェイスブックが解禁されたのを機に『PREMIUM JAPAN』もフェイスブックに移行、昨年には現地法人を立ち上げ、ベトナムにおけるネット広告代理店業を本格的にスタートさせた。「ベトナムのネット広告市場規模は日本の１００分の１程度で１００億円とまだ小さいが、今後の経済成長と人口増に伴って確実に拡大する。日本の市場も年率20パーセント伸びるといわれているが、ベトナムでは数年で５～６倍に伸びるといわれている。ネット代理店はいまだにそんなに進出していないので、我々は最先端を提供できる。２０１６年1月にはタイにも現地法人を設立し、進出した。今後はさらにインドネシアなどにも展開していきたい」と井田社長は意気込んでいる。東南アジア各国を舞台とした、同社のさらなる活躍が楽しみだ。そこで以下、井田社長との対談を収録するので、そこからベトナムビジネスの〝今〟を感じ取っていただきたいと思う。

◆特別インタビュー　広告業界のベトナムビジネスを知る

ネット広告市場が拡大するベトナムで最先端のインターネット広告代理店サービスを提供

〈インタビュアー〉
蕪木優典（かぶらぎ・ゆうすけ）
アイ・グローカル 代表

〈インタビュイー〉
井田正幸（いだ・まさゆき）
㈱ブレイク・フィールド社 代表取締役

蕪木　なぜ東南アジアのなかでも、とくにベトナムに注目することになったのですか。

井田　当時はタレントのブログ広告などを手掛けていたのですが、それを通じてタレントと行くベトナム旅行というのを企画する機会がありました。当社は旅行会社ではないので、ツアー自体については旅行会社と組んで実施しました。これが思いのほかヒットし、ついでにベトナムで写真集を作ってウェブサイト限定で販売するなどしてさらに売れました。同様のことをタイやマレーシアでも行い、徐々にアジアとのかかわりを増やしていったのです。また、起業家支援を行う大手メディアと組んで、ベトナムでの起業を応援するツアーなども企画しました。

そうやってベトナムとのかかわりが増えていくにしたがって、しだいに私たちも現地でビジネスを展開してみたいと思うようになりました。ＩＴはともかく広告に関するビジネスはほとんど進出していなかったので、先行性もあるのでは、という思惑もありましたし、ベトナム人やベトナムの雰囲気がどことなく私たちの会社の社風に合っていると感じたのも現地進出の理由の一つです。

蕪木　ＩＴに関してはどのような印象を受けましたか。

井田　Ｗｉ-Ｆｉなどのインフラは日本以上に整っているように感じましたが、社会主義国家ということもあり、当時はまだフェイスブックなどのソーシャルメディアが解禁されていませんでした。また、実際にベトナムの人たちと接するにつれ、日本のイメージといえば富士山や芸者といったステレオタイプなものばかりで、ほとんど知られていないことを痛感するようになりました。そこで、まずは日本の情報を発信するためのメディアを作れないかと考え、ベトナムの新聞社とタッグを組んで『PREMIUM JAPAN』というフリーペーパーを発行することにしたのです。ベトナムには洗練されたデザインのフリーペーパーがなかったので、日本のクオリティを想起してもらうために美しい写真やデザインを心掛けた仕様にしました。また、46万部もの発行部数を誇る新聞に挟み込む形で配布したので、日系企業としてはベトナムでもっとも大き

井田正幸（いだ・まさゆき）
㈱ブレイク・フィールド社 代表取締役

なメディアを持つことに成功したわけです。

蕪木 実際に配布してみて反響はどうでしたか。

井田 大部数なので、うまくいけばそこで紹介する日系企業の商品がヒットし、今後の広告にもつながるのではないかと考えていたのですが、そううまくはいきませんでした。そこで、発行から1年ほどでフェイスブックが解禁されたのを機にフリーペーパーからフェイスブックに移行することにしたのです。

蕪木 ベトナムにおけるソーシャルメディアの影響力はどのようなものなのでしょうか。

井田 フェイスブックが解禁されると、すぐに国内ユーザーが3000万人に達するなど、ソーシャルメディアの勢いには目覚ましいものがあります。おかげで『PREMIUM JAPAN』もフェイスブックに移行すると、ファンが25万人にまで増えました。もともと私たちは日本でグーグル

蕪木優典（かぶらぎ・ゆうすけ）
アイ・グローカル 代表

やフェイスブックを活用した販売促進に力を入れてきたので、そのノウハウを自社のフェイスブックページにも生かしてみたのです。また、こうしたノウハウはベトナムでもニーズが高まってくると考え、メディアを展開しながらネットによる販売促進や広告代理店サービスを提供していくため、現地法人を立ち上げることにしました。

蕪木　ベトナム法人はどのような陣容になっていますか。

井田　拠点はホーチミンにあり、現在、5人のローカルスタッフとひとりの日本人が駐在しています。また、東京本社とベトナム事務所とはスカイプをつなぎっぱなしにしているので、距離的にははなれていても実に気軽にコミュニケーションがとれるようになっています。

蕪木　海外ということで苦労した点はありますか。

井田　ライセンスや制度については日本と異なるので苦労しました。もうひとつは、いかにローカルのスタッフたちに気持ちよく仕事をしてもらうかということです。基本的に現地での実務はローカルスタッフが担当するので、彼らがしっかりと働いてくれなければ仕事の質、量ともに損なわれてしまいます。だからこそ、ローカルのスタッフたちとは積極的にコミュニケーションをとりつつ、彼らの商習慣やプライドを尊重しながら指示を与えるようにしてきました。

蕪木　ローカルスタッフの働きぶりはどうですか。

井田　当社の場合、私が出張して採用したのですが、イメージしていたよりはるかに優秀という感じです。たとえばベトナムで社会人経験を1、2年経た後に日本の大学院に留学して戻ってきた社員がいますが、彼女は日本で立ち食いそば屋で働きながら勉強した経験があり、頭がいいだけでなくよい意味での泥臭さを持っています。それに全体的に見ても、さぼらないし、規律性が高い印象があります。募集に際しては人材紹介会社を使いましたが、日本と違ってスタートアップの会社でも優秀な人材が集まってくる風土があるように感じました。もちろん、そこには日本企業だという安心感もあったと思いますが。いずれはベトナムで育成した優秀な人材に、日本でも活躍してもらいたいですね。

蕪木　海外展開についてはベトナム以外の国も視野に入れていますか。

井田　実際にベトナムビジネスをやってみることで海外進出のコツをなんとなくつかみ、また東南アジアに最先端のインターネット広告へのニーズがあることがわかりました。タイにも進出しましたので、東南アジアのほかの国にもフィールドを広げていきたいとですね。候補として考えているのはインドネシアです。インドネシアは４８０億円ほどのネット広告の市場があるといわれており、さらに伸び続けているところなので、うまく市場を獲得したいと思います。ベトナムでもタイでも広告代理店業は、日本とローカル企業との合弁になりますので、インドネシアでもパートナー企業を探していくつもりです。

蕪木　今後の展望についてお聞かせください。

井田　ビジネスのフィールドを東南アジア諸国に広げていく際、できればベトナムのスタッフに周辺国であるラオスやミャンマーの開拓を任せたいと考えています。また現在、ネットのトレンドは依然としてアメリカが中心ですが、いつかはアジア発の新しいネットトレンドを生み出してみたいですね。ベトナムは政府が１００万人のＩＴエンジニアの育成を目標に掲げるなど、非常にＩＴ産業の育成に力を入れているところでもあります。現にベトナム現地のウェブ制作会社などは想像以上にレベルの高い仕事をしてくれており、今では日本の案件も振ることができるようになっています。そういった機運に乗って、当社も飛躍を遂げられたらと思っています。

中間層の拡大で高品質なピアノが大人気

ブレイク・フィールド社の事例から、ベトナムにおけるＩＴやネット広告の市場の可能性を感じることができたかと思う。広告にはまだまだ規制がともなうが、ネットに関しては日を追うごとに垣根がなくなり、人やサービス、仕事の交流が進んでいくのではないだろうか。

では、こういったＢｔｏＢではないＢｔｏＣの分野はどうなっているのかというと、ここ数年で急速に売り上げを伸ばしている日系企業が多いように感じられる。そのひとつがヤマハ㈱のピアノだ。

ヤマハの成長の主要因はピアノ事業にある。たとえば、中国ではヤマハ音楽教室を継続拡大し、楽器演奏人口を拡大しているという。こうした状況を受け、ヤマハは新興国ではブラジル、インドネシア、インド、ベトナムなどを重点国とし、数年前からベトナム市場の開拓に本格的に取り組み続けている。中間所得層の拡大を受け、楽器や音楽教室などの需要拡大を視野に入れ、駐在員を置き、積極的にピアノの販売、音楽教室の開催などを手掛けている。すでにインドネシアやタイなどでヤマハの活躍は目覚ましい。

事実、ここ数年でインドネシアが主要市場に急成長しており、１９７２年に開始した音楽教室では２００７年から施設の更新・拡充を進めたところ、２万６０００人だった生徒在籍数が11年には３万８０００人に急拡大したという。ヤマハはこうした流れを受けて、東南アジアにおける新たな主要市場として、ベトナムを捉えているのだ。

現にベトナムでもここにきて中間層の拡大が本格化しており、自動車やバイクの大手メーカーも需要開拓に乗り出している。ヤマハはこれまでにもピアノ事業でベトナム進出を検討し断念した経緯があるが、今回はインドネシアに続く市場に成長すると判断し、本格的に進出していく可能性が高い。音楽教室の講師の確保・育成などが市場開拓のカギとなりそうだ。

ベトナムの中間層の拡大はすでに今回の進出を後押ししているように感じる。ヤマハのベトナム法人の方々に話を聞くと、一台１００万円くらいのピアノが売れ筋で、そのくらいの価格帯のものであれば日本以上に売れているそうだ。事実、音楽学校の周辺に軒を連ねている楽器店に足を運ぶと、販売されているピアノやバイオリンといった楽器のクオリティが日本とほぼ同レベルのものになっており、それらを家族連れなどが物色している姿を目にする。もともと欧米のカルチャーが定着していた国であるだけに音楽に対する興味は強く、収入増に伴い、子どもの英才教育の一環としてピアノを買い求めるという傾向が強いようだ。こうした動向に合わせて、世界中で展開しているピアノ教室事業を拡大していくことが、ヤマハの次なる成長の起爆剤になることは間違いないだろう。

飲食業界でもおいしくて高いものが売れるように

中間層の増加は、飲食をはじめとしたサービス業の動向にも変化を与えている。以前からベトナムには〝なんちゃって日本食〟を出す店があったのだが、最近では「日本でも流行るのではないか」と思えるようなレベルの店が増えている。

もちろん、この傾向は外資のみに見られるものではない。ベトナム資本の料理店も急激にレベルが上がっており、それなりの価格でうまい料理を出す店が連日のように大盛況となっている。

ただ、簡単にこの流れに乗れるかといえばそう甘いものでもないということを付け加えておきたい。もともとベトナムはフランスの占領下にあったことからも欧米文化に親しんでおり、エスニックな料理のほか、フランス料理をはじめとした欧米料理にもなじみがあり、現地の料理店は切磋琢磨を経てかなりのレベルになっている。わざわざ日本から乗り込むとすれば、よほどおいしいものを提供するか、店の雰囲気やサービスに独自性を持たせなければならないだろう。

ベトナムの食を席巻したエースコックから学ぶこと

日本ではあまり知られていないかもしれないが、ベトナムでもっとも成功をおさめた企業といえばエースコックをおいてほかにはない。エースコックは1995年からベトナムで即席めんの生産・販売を開始し、安くて抜群にうまい「ハオハオ（Hao Hao）」という袋めんを主力商品としている。

この袋めんが発売開始されたのは2000年。「好き好き」という意味の覚えやすい商品名やベトナム人の舌にマッチした味わいが人気を呼び、いまやほとんどのベトナム人がハオハオを食べたことがあるといっても過言ではない。おかげで、年間消費量が約50億食といわれるベトナムの袋めん市場において、エースコックは年間30億食（ベトナム国内約27億食、海外輸出約3億食）近い販売実績を持ち、ベトナム国内でナンバーワンのシェアを誇っている。

それらの生産を担っているのはベトナム国内の工場だ。現在はホーチミンに2工場、ビンズン省に2工場、北部のハノイ近郊のフンイエン省に2工場とバクニン省に2工場、中部のダナンに1工場とメコンデルタ地域のビンロン省に2工場を有し、そこで5000人以上の現地スタッフが働いている。食の面でも雇用の面でも、もはやベトナムにとって欠かせない企業となっているのだ。

しかし、このような成功をおさめるまでの道のりはけっして平坦ではなかった。エースコックがベトナムに進出した当初、ベトナムにはあまり加工食品の会社がなく、競合が少ない状況だったという。そこに目をつけたのはよかったのだが、事はそう簡単には運ばなかった。ベトナム国内で原材料である小麦粉などを調達しようとしたところ、その品質があまりよくなかったため、最終的に輸入することとなり、コスト高になってしまったのだ。もちろん、商品そのものも高くなり、現地での知名度がなかったことも重なって、最初の頃は思うように売り上げが伸びなかったという。

だが、エースコックは「ベトナムの食文化を変える」という強い思いを持ち、けっして諦めなかった。状況を打開するために、5年にわたって着々とコストダウンに努めたのだ。

日本の取引先に協力をあおぎ、ベトナムの原材料メーカーへの技術指導を進め、徐々に高品質な原材料を現地調達できる体制を整えていったのだ。一方、生産体制については製造技術や品質管理は日本式、味づくりはベトナム人に任せるというスタイルを貫いていった。

こうして２０００年にハオハオが誕生。もともとエースコックは１８００～２０００ＶＮＤで袋めんを販売していたが、ハオハオは１０００ＶＮＤ（当時）にまで価格を下げることに成功した。味がよく安心安全で値頃感もあるということで、ハオハオは見事にベトナム人たちの心を掴んだ。「ベトナムの食文化を変える」という気概と熱意のもと、長期にわたって挑戦を続けたからこそ得られた成功といえるだろう。

エースコックの挑戦は現在も続いている。ベトナムではカップ麺のシェアが小さく、即席麺市場全体の１～２パーセント程度だが、エースコックはこの分野に力を入れ、着実に業績を伸ばしつつあるのだ。２０１２年にはかやくの内容を充実させた「ENJOY」、２０１３年には日本のうどんをモチーフにした袋めんの「Udon Sukisuki（ウドン・スキスキ）」を発売。とくにウドン・スキスキは日本からカツオブシを輸入してダシをつくるほどのこだわりぶりだ。これらのあらたな商品群は従来の袋めんより高価であることから、中間層の拡大を見据えた戦略の上にあると考えられる。ベトナムにおける量から質への転換はあらゆる業種において重要なテーマとなっているのだ。

政府関係のビジネスにも成長の兆しが

直近でダイナミックな動きといえば、全日本空輸を傘下に持つＡＮＡホールディングスが国営のベトナム航空に出資し、提携することで基本合意したことだろう。この出資ではベトナム政府から発行済み株式の８・８パーセントを約１３０億円で取得する見通しとなっており、共同運航に関しても２０１６年中に実施する予定だという。これはベトナム政府による国営企業改革の一環でもあり、以前からベトナム政府は資本・業務提携先となる企業の選定を進めていたという。

他方、日本の北九州市がベトナム政府とビジネスに踏み切った事例もある。北九州市は国際協力機構（ＪＩＣＡ）による開発援助を通じて、アフリカ西部のマリ共和国を皮切りにカンボジアやベトナム、インドネシアなどで水道施設の技術指導を進めてきた。

その象徴的なエピソードが北九州市がカンボジアで起こした「プノンペンの奇跡」だ。

日本政府は1993年から世界銀行やアジア開発銀行とともに水道インフラの再建に取り組み、99年からは北九州市上下水道局がプノンペン水道公社に対して技術支援をはじめた。具体的には北九州市から職員を派遣し、水質改善と人材育成に取り組んでいったのだ。

もちろん、その一方でインフラ整備も行った。当時のカンボジアは内戦で水道関連のインフラが崩壊しており、無収水量率（漏水＋盗水）が72パーセントという信じられない状況になっていた。そのときに活躍したのが、北九州市が開発した配水ブロックシステムだった。配水管網を複数のブロックに分割し、ブロックごとに流量や水圧などのデータをチェックできるようにし、漏水や盗水が大幅に減少したのだ。

こうした取り組みの結果、ついにプノンペン水道公社では24時間の給水と飲料可能な安全な水質、そして安定的な料金徴収体制を実現できるようになり、93年には25パーセントだったプノンペンの水道普及率が90パーセントを超え、無収水率も90年代の70パーセントから6パーセントに激減した。このプロジェクトはプンペンからシェムリアップやカンポットといった8州都の水道局にまで拡大し、それとともに現在も職員派遣や研修などを通じた支援交流などが活発に行われているという。

カンボジア以外の国でも北九州市の水事業は高い貢献度を誇っている。たとえば、ベトナムではハイフォン市郊外にあるビンバオ浄水場の改善に貢献した。生活排水などの影響で河川汚染が進み、より効果的な浄水処理が急務となっていた矢先、北九州市上下水道局が開発した上向流式生物接触ろ過設備「U-BCF」の導入が検討されることになったのだ。

この設備は微生物による自然浄化作用を利用して、汚濁物質（アンモニア態窒素、マンガン、鉄、有機物など）を効率よく除去するというもの。微生物が生息しやすい表面が凸凹の粒状活性炭をろ過槽内に充填し、下から上に通水（上向流）することで、活性炭が流動して生物接触効率が向上するという仕組みだ。自然の力を巧みに取り入れているため、安全・安心な上、建設コストが従来の上水施設の約2分の1、ランニングコストが約20分の1とリーズナブルなのも素晴らしい。

実証実験を経て、実際にビンバオ浄水場に導入したところ、アンモニア態窒素の除去が100パーセントに近づくなどの成果を出すことに成功。これを受けてハイフォン市の主力の浄水場であるアンズオン浄水場にも導入されることになったそうだ。

ハイフォン市のこうした動きはベトナム全土で注目を集め、さらに河川の汚染が深刻化しているホーチミン市が強い関心を示しはじめた。そして13年にサイゴン水道公社がハイフォン市水道公社を介し、北九州市上下水道局にU-BCFに関する技術協力を要請。さっそく、北九州市上下水道局は職員2名をホーチミン市に派遣し、タン・ヒエップ浄水場の水源水質を確認して実証実験に踏み切った。また、それにともない北九州市はベトナムにおけるU-BCFの普及に向けて、ハイフォン市水道公社と相互協力協定を結んだ。

こうした北九州市の取り組みは自治体の力のみで成し遂げられているものではない。北九州市は2010年に地元企業をはじめ、国際関係機関、国の省庁からの参加も得て、北九州市海外水ビジネス推進協議会を設立。上下水道の幅広いニーズに対応できる体制を構築し、官民が一丸となり、協議会を中心に水ビジネスの案件形成活動に取り組んでいるのだ（会員企業144社、6割が地元企業）。すでに会員企業のシーズ・ニーズの把握や対象地域（カンボジア、ベトナム・ハイフォン市、インドネシアなど）への調査団派遣、地元企業を対象とした勉強会の開催、セミナー・商談会開催、展示会への参加などを積極的に実施している。また、北九州市はプノンペン（2015年11月開設）やハイフォン（2016年4月開設予定）にビジネスサポートセンターを設け、会員企業がそこを拠点にさまざまな角度からASEANの水ビジネスにチャレンジできるようにしているという。まさに自治体が率先して「Win-Win」の精神で水ビジネスに挑戦したことで、地元企業にとってもビジネスチャンスがめぐってきた好例といえそうだ。

　そもそも北九州市には公害問題を克服し、独自の水道施設の開発に成功したという経緯がある。事ほど左様に経済的にも社会的にもＡＳＥＡＮの一歩先を歩んできた日本には、水道のみならず、ベトナムの将来的な問題のソリューションが豊富にあるはず。それらをうまく生かしたビジネスが求められているのだ。

第5章 ベトナムの未来を占う

ＧＤＰの成長が経済と産業に変化をもたらす

大手国際会計事務所の英プライスウォーターハウスクーパース（ＰｗＣ）は、購買力平価（ＰＰＰ）に基づき、世界各国における２０３０年～２０５０年の国内総生産（ＧＤＰ）予測及び経済発展の展望を発表している。それによると、ベトナムの２０３０年～２０５０年におけるＧＤＰ成長率見通しは４・５～５パーセントで、２０３０年に世界28位、２０５０年までにはフィリピン（20位）とタイ（21位）に続く世界22位まで浮上すると予測されている。

ＰｗＣは２０３０年～２０５０年に中国が世界一の経済大国の座を維持し、２０５０年には米国とインドが世界2位を争うことになるとしている。また、英国が2030年時点の10位から2050年には11位に転落し、日本が4位から7位に、ドイツも8位から10位に順位を落とす見込みだ。一方、東南アジアの国で唯一トップ10に入っているインドネシアは、2030年には5位、2050年には4位にランクインする予測となっている。なお、国際通貨基金（IMF）によると、2014年におけるベトナムのGDPは32位につけているという。

すでに2015年のベトナムのGDPは1988億ドルに達している。日本や中国、韓国そしてタイは一人当たりGDPが2000ドルに達してから、約5年で3000ドルに達したが、ベトナムは早くもその水準に近づきつつある。そのあたりを考慮すると、5年後にはベトナムの一人当たりGDPは3000ドルに達すると思われる。

こうしたGDPの変化がベトナム国内の経済、産業に大きな変化をもたらすのはいうまでもない。そこで、この最終章ではベトナムの未来がどうなるっていくのかを予測してみたい。

為替をはじめとしたベトナム経済の変化

経済成長にともない、ベトナムの通貨であるＶＮＤ（ベトナムドン）は緩やかに下落し、10年後には1ドル＝2万８０００ＶＮＤ（現在は1ドル＝2万２３６０ＶＮＤ）になっている可能性が高い。そうなることで、貿易収支と経常収支の赤字が解消されるだろう。そしてその時、ベトナムの課題は中国のように世界の工場と呼ばれる地位を築けるのかどうかである。

これまでベトナムは越僑ベトナム人からの海外送金やＯＤＡに頼って経済成長を遂げてきた。しかし、これからはそれだけで産業が高度化するとは思えない。やはり、国内で自前の資本蓄積をし、それを国内の投資に回せるように金融の仕組みを高度化する必要があるし、それにともない外資を積極的に誘致し、産業を育成していかなければならない。自立した企業、自立した産業を持つことが肝要なのだ。この点については、1章で見てきたようにベトナムはダイナミックな規制緩和を行うだけの底力を有しているので、そのあたりに期待したいところだ。

ベトナムにおいて人口増がもたらすもの

アイ・グローカルはカンボジアでもビジネスを展開しているが、人口1700万人のカンボジアと比べると、9000万人という人口を持つベトナムは生産人口としても消費人口としても非常に魅力的だ。実際、ベトナムの人口はここ20年ほど年間100万人前後で増加しており、10年後には1億人程度になっていると思われる。人口はベトナムが持つ最大のポテンシャルのひとつなので、その魅力を意識したビジネスを考えていくべきだろう。

が、一方で注目したいトレンドとしては、人口増加とともに日本と同様、ベトナムでも少子高齢化の兆しが見えはじめていることだ。ASEANではタイに次いで高齢化が進んでいるという。日本は高齢化率（人口に占める65歳以上の比率）が7パーセントから14パーセントになるのに24年（1970年から1994年）かかったが、ベトナムは16年程度でそうなってしまうといわれているほどだ。ちなみに、同様の状態になるのにフランスは115年、ドイツでは40年、イギリスでは47年ほどかかったそうだから、いかにベトナムの高齢化が急激なものになるかがうかがい知れる。

ちなみにベトナムにおいて少子高齢化がスタートするのは２０１７年からとされており、先ほどのデータに従って考えると、２０３３年に高齢社会を迎えることになる。

ベトナムは今のところ若年層が占める割合が高く、活気があるといった印象が強いし、街中を見回しても若さが満ち溢れている。それは生産人口と消費人口が多いことを意味しているわけだが、その状況が徐々に変化しつつあるのだ。この5～10年にかけてはそれほど大きな影響はないかもしれないが、それ以降は高齢化率の上昇にともない、ワークスタイルや消費行動の変化が大きくなると予測しておくべきだ。

もちろん、ビジネスについても、そのあたりを見越したものがトレンドになってくる。わかりやすいところでいえば、介護・福祉などを視野に入れたビジネスを計画していけば、すでに高齢社会となっている日本におけるノウハウを最大限に生かすことができるのではないだろうか。もちろん、それにともないベトナムの介護人材を日本で実習生として就労させる形態も増え続けていくのではないかと思われる。

少子高齢化に対して、政府も少なからず動きを見せることは間違いない。中国の一人っ子政策廃止のように二人っ子政策（ベトナムでは子どもはひとりあるいはふたりまでが推奨されている）を廃止するといったことも考えられるし、そのほか高齢化を可能なかぎり遅らせる施策を実施する可能性もある。国内でも同様のことがいえるが、そういった政策の動向には常日頃から着目しておく必要があるだろう。

もうひとつ覚えておいてほしいのは、ベトナムには日本のように高齢化を見据えた社会保障制度がほとんどないということだ。現時点ではまだ規制の壁は多い分野ではあるが、保険や金融といった分野が参入する余地があれば、今後、大きなビジネスチャンスになる可能性がある。

モータリゼーションとともに進化する交通インフラ

人口増やGDP増にともない、交通事情も急激に変化を遂げるのは間違いない。おそらく数年以内にタイやインドネシアのように交通渋滞が顕著になるだろう。また、現在のベトナム人の主な交通手段はバイクだが、一人当たりGDPが3000ドルを超えると一気にモータリゼーションするといわれているので、2、3年後には今までバイクに乗っていたベトナム人が車を買いはじめると思われる。

だが、自動車については少々注意しておくべきことがある。ベトナムは自動車に対してかなり高い関税を設けているので、現在は国内の自動車産業や中古車市場がシェアを占める傾向がある。だが、現在予定されている貿易の自由化が進み、2018年に関税が撤廃されると、タイやインドネシアなどからの自動車の輸入が増えるのは間違いない。そうなると、タイなどで大量生産したものをベトナムで売ったほうが安いので、ベトナム国内の自動車産業が衰退する恐れがあるのだ。

いずれにしても、交通渋滞の増加とともに駐車場などのニーズも高まる。現在の都市部には自動車の駐車場があまりないので、駐車場ビジネスが活性化するはずだ。とくにホーチミン周辺には広い土地はないため、立体駐車場などが増加することになるだろう。

もちろん、交通インフラもこうした変化に対応していく。すでに政府は近い将来の交通状況の悪化を予測して地下鉄をつくったり、バスの本数を増やしたりしている。3章で触れたビンズン省に焦点を当てると、2025年くらいにはホーチミンとビンズンを結ぶ地下鉄が走っていてもおかしくはない状況だ。そうなるとビンズンからホーチミンへのアクセスが格段に良くなり、ベッドタウンとして沿線における住宅開発などが盛んになるだろう。この傾向はすでにホーチミンの駅予定地周辺が建設ラッシュであることからも間違いないと考えられる。

広がる人口格差と人材の高度化

中間層の拡大とモータリゼーション、交通インフラの充実によって、国内における人の移動、海外への渡航数が劇的に増え、観光客も増えるだろう。そして、人の移動にともない、外国人の就労や外国人との結婚も飛躍的に増えていくだろう。

それだけではない。都市と地方を気軽に往き来できるようになることで、ただでさえ進んでいる都市部と地方の人口格差、収入格差に拍車がかかるようになるだろう。おそらくベトナムは近い将来、日本の1970年代後半と似たような状況に陥ることになる。日本はその時期に労働環境や社会保障の整備を進めるなど一億総中流を目指す政策を推進したことで、格差問題を先送りにすることができたが、ベトナムではそういった政策が後手に回っており、早い段階で格差問題に直面することになると思われる。

だが、格差の上部に位置するベトナム人は競争社会を生き抜くたくましさと能力を身につけていくだろう。今は日本人が上司でベトナム人が部下、日本人のほうがベトナム人より給料が高いというのが当たり前だが、将来は日本人とベトナム人が同等に扱われたり、逆転したりする会社が出てくるはずだ。もちろん、教育水準も向上する。すでに現在も幼少期からの習い事が中流層以上で盛んだが、今後はより一般的になり、学生向けの塾ビジネスなども加熱すると考えられる。

長年にわたってベトナム人たちと行動をともにすると、彼らの優秀さを肌で感じることが多い。優秀なベトナム人はこれまで以上に果敢にビジネスシーンで活躍するようになるだろうから、これから先、ベトナム現地法人で活躍したベトナム人が本社やシンガポール法人の取締役といった要職に就くケースも増えるだろう。それ自体は喜ばしいことなのだが、一方ですでに問題視されている人件費の高騰がさらに加速することは避けられない。シンプルな製造を担う工場などは安価な労働力によって利益を得てきたといっても過言ではないため、人件費の高騰は死活問題となる。付加価値の高いモノづくりにシフトするか、生産拠点をベトナムの周辺でまだ人件費がそれほど高くなっていない国、地域に移すかといった選択肢に迫られるだろう。さらに近い将来においてはベトナム国内の労働者保護の観点から、最低賃金の引き上げや外国人雇用の規制などが実施される見込みとなっており、一時的に雇用環境は悪化するだろう。

ところで、最近はベトナムから日本への留学がというトレンドになっているが、それに関しては減少していくものと考えられる。ベトナムの給与水準が上がる一方で、日本は生活コストが高く、お得感が少ないからだ。だが、それとは逆にリタイヤした日本人がベトナムに移住するトレンドが強くなっていくだろう。とくにホーチミンは一年中、温暖で地震も花粉症もないし、ますます生活インフラが充実していくので、いずれは日本人にとって憧れの移住地として注目されるのではないか。移住者が増加することで、現地採用できる日本人が増えていくことにもなるだろう。しかし、いかに現地採用できる日本人が増えるといっても、日本人だからといって過信してはいけない。日本人であれベトナム人であれ、しっかりとその人の本質、そして会社や仕事との相性を検証して採用することを忘れないようにしてほしい。

中間層の拡大がベトナムのビジネスを変える

ＧＤＰの増加とともに中間層が拡大し、携帯電話、自動車、電化製品、住宅などに対する消費意欲がますます旺盛になれば、流通にも変化が生じてくるだろう。そうなると、国内のメーカーが力をつけるのではないかと思われがちだが、事はそう簡単に運びそうにない。というのは、ＴＰＰが発効されると、先に述べた自動車の事情と同様、海外から輸入したほうがメリットがあるということになるからだ。

事実、近年はベトナムにおける電気電子産業の集積が活発だが、その動きを牽引したのは外資である。長年続いてきた貿易赤字は、２００８年の韓国サムスン電子による携帯電話生産拠点の稼働、その後の急伸などを背景とした関連製品の輸出増加により、２０１２年に黒字に転じた。２００８年まで原油や石炭などの鉱物性燃料輸出額が全輸出品目のうち20パーセント以上を占めていたが、２０１３年にはそのシェアは10パーセントを下回り、代わって携帯電話などの電気機械類が20パーセント以上を占めるようになった。２０１５年前期の輸出主要品目の上位には「電話機・同部品」と「コンピュータ電子製品・同部品」が入っており、約27パーセントを占めた。輸出品目の変化にともない、輸入品目に同製品が占める割合も

20パーセント以上の水準まで高まっている。

こうした動きにおいて、ベトナムの地場産業の存在感はきわめて薄い。中国などから携帯電話部品の供給を受け、その最終製品を組み立てるのがベトナム製造業界の立ち位置であり、国内にはいまだ複雑・精密な製造加工業が育っていないのだ。

今後、ベトナムが生産拠点として付加価値の高い製品を製造できればいいのだが、今のところタイなどに勝る競争力があるかと問われれば否である。ベトナムが製造拠点としてプレゼンスを維持するには、ベトナムならではの独自性や付加価値を磨き上げなければならない。

同様の傾向はさまざまな分野でみられる。たとえば、ナイキはベトナムでつくられているが、材料はほかの国で調達されている。また、テスト、査定、改良にかかる時間短縮のために3D技術が用いられているので、このあたりの技術力をしっかりと保有しなければ競争力を維持することはできないのだ。

しかし、日本以上に急激な経済成長を遂げたベトナムには、かつて日本の経済成長を支えたアナログかつローテク分野のモノづくり力はない。一足飛びにハイテクの世になってしまったがゆえの弊害がそこにはあるといってもいいだろう。また、ＯＤＡによって資金や仕事を与えられることに馴れてしまったがゆえに、独自性の高いアイデアを生み出す能力に長けているかといえば、正直いっていまひとつといった感じである。日本の製造業がベトナムでこのあたりをブレイクスルーしていくには、先述したエースコックと同様「ベトナムを変える」という情熱が必要になってくるだろう。逆にベトナムで独自性と付加価値の高いモノづくりを確立することができれば、国内はもちろん周辺国のニーズも取り込むことができ、オンリーワンの存在になることができるかもしれない。もちろん、自動車のようにすでにタイなどがシェアを有している分野についてはきびしいが、エコや環境に寄与する分野については周辺国に先進事例が少ないため、まだまだ可能性が残されているといえるだろう。

　不動産については人口が増え続けるかぎり、需要が高まるのは間違いない。また、国内のみならず、２０１５年からは在外外国人でもベトナムの住宅を購入できるようになったので、今後はさらにその需要を後押しすることになりそうだ。現在、ベトナムでは一等地の高級マンションが１００平方メートルでまだ２０００～２５００万円と日本やほかのアジア諸国と比べてかなり安く、値上がりが期待できることもあり、投資目的の不動産購入者が増えていくのは明らかである。以前にベトナムで生じたバブルのようなものが今後５

年以内に起きるとは思えないが、一方で住宅開発とインフラの整備は続く傾向にあるので、不動産価格の大幅下落の可能性もきわめて低いと思われる。

では、流通はどうなっていくのか。食品など日系の消費財メーカーのほとんどはベトナムでは苦戦しているのが現状だ。ベトナムの小売りのほとんどを担うのはパパママショップといわれる個人商店であり、そこに営業を仕掛けていくのが難しいからである。

しかし、最近ではビンマートをはじめとしたスーパーやファミリーマートやミニストップなどのコンビニが急増している。こういうモダントレードの割合が増えてくると、苦戦中の消費財メーカーも活躍の可能性が高まるだろう。

だが、ここにもやや注意しておくべき点がある。今のところスーパーやコンビニは好調な滑り出しを見せているが、その要因となっているのが物珍しさである点が否めないということだ。事実、ホーチミンのイオンモールに足を運んでも、店内の混み具合に比べてレジの行列が少ないように感じられる。今後、ベトナム人の消費動向をつぶさにチェックし、集客した人たちにいかにお金を落としてもらうか、さらにはしっかりとリピーターになってもらい、生活のなかにスーパーやコンビニを定着させていけるかどうかが肝要になるだろう。

日本企業のベトナム進出の動向

こうした変化にともない、日本企業の進出の動向がどのように変化していくのかも考察しておきたい。

近年において、ベトナムへの進出熱は世界的なトレンドでもあった。この10年ほどの期間でみてみると、邦銀のベトナム向け投融資は大きく拡大している。国際決済銀行（ＢＩＳ）の集計によれば、２０１５年９月の投融資残高は54億３６００万ドルと、10年前の20倍以上となっている。また、ＪＢＩＣの２０１０年の海外進出日系企業のアンケート調査結果（「わが国製造業企業の海外事業展開に関する調査報告 海外直接投資アンケート結果」）によると、ベトナムは中期的（今後３年）に有望事業展開先として５年連続（２００６年～２０１０年）で世界３位（中国、インドに続く）となっている。

しかし、現在は円安によるベトナム進出コストと生産コストの上昇で、日本の製造業の進出は停滞傾向にある。ＪＢＩＣの同調査によると、２０１１年のベトナムの有望事業展開先としての順位は世界４位、２０１２年～15年は５位となっている。おそらく為替が１ドル＝１２０円あたりで安定してくれれば、ふたたび製造業の進出傾向は復活するだろう。

とくに大手企業やグローバル企業は、ベトナム人の人件費が上がっても、他国との相対的優位性は変わらないので、中国やタイの生産をベトナムに移す需要が一層高まるように思われる。実際、２００５年の時点で対中国の投融資残高のわずか２パーセントにすぎなかった対ベトナム投融資残高は、15年には８パーセント近くまで伸びた。

　中小・中堅企業は人件費増によるベトナムでの生産コストの上昇が痛手となり、進出が停滞してしまう面もあるだろうが、その一方でベトナムそのものの市場の優位性に着目する企業の進出は増加していくものと考えられる。たとえば、サービス業や小売り・飲食などの非製造業の進出は増えていくはずだ。これらの業種は規制緩和の傾向が強く、ベトナムにおける中間層の拡大がプラスに働くので、ビジネスチャンスも多くなるだろう。そうやって軌道に乗った会社がハノイ、ホーチミン内で新たな支店を設立するといった動きも顕著になるはずだ。ＴＰＰの発効を見越した企業活動の活発化も見込まれる。

今後の展望（飲食店）

2015年から飲食業の外資系100パーセントライセンスが解放された。
これに伴い今後外資系飲食店のさらなる進出が期待されるが…

飲食業100パーセント外資可に伴う影響

従前の進出形態		今後の展望
外資100パーセントが可能なホテルを併せたホテル内レストラン	➡	新規外資飲食店の参入増加
地場企業との合弁		M&Aによる新規参入の増加
フランチャイズ方式		既存店舗の100パーセント外資化
（実態として）ベトナム人の名義を借りて開業		

外資系飲食業のスキームイメージ

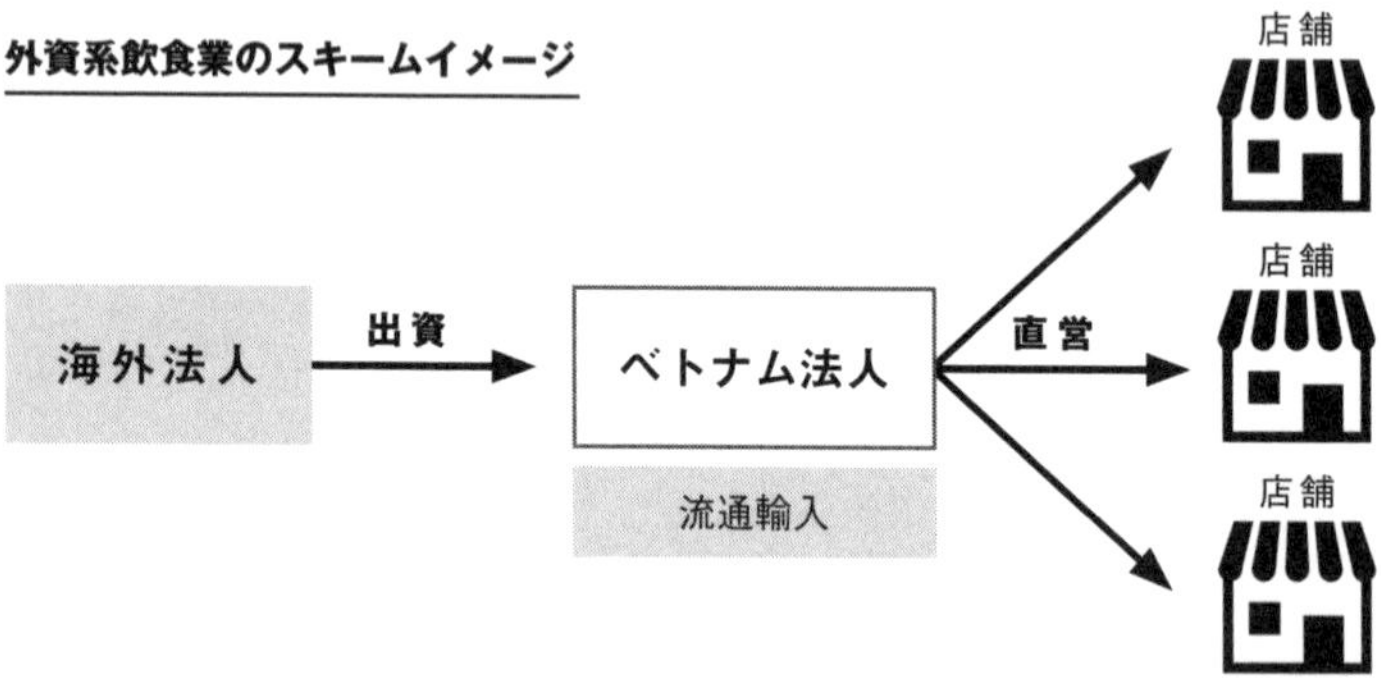

> **“外食文化が色濃いベトナムの飲食市場は、過去5年間2桁成長が続いており、2016年には3兆円に達する見込み”**
>
> ―日本商工会議所（14年12月）

金融と税務会計の変化とそこにあるリスク

従来、ベトナムにおける金融や税務会計といった分野は未成熟であるという見方が強かったが、近年、ベトナムの銀行業務のクオリティは向上しており、投資や信託がかなり安全に行えるようになってきた。しかし、それでもまだ設備やマネジメント体制に不十分な点はあるので、さらなる改善を求めたいところだ。

税法については２００５年以降は税制にもＩＴが取り入れられるようになり、オンラインによる税務申告ができるようになった。２０１４年にはハノイやホーチミンといった都市部では90パーセントの企業がオンライン納税申告を行うようになっている。２００６年には国際会計基準が導入されるなど、グローバル化の流れも著しい。その流れは税務署の対応にもあらわれており、最近では外資系企業からの要望もあって、税務署の対応が次第に改善されてきているように感じる。

また、２００９年には個人所得税法において税額控除が導入されるなど、新しい動きも活発だ。他方、法人税の引き下げも顕著で、97年に32パーセントだったのが03年に28パーセント、08年に25パーセント、14年には22パーセント、16年には20パーセントとなっている。このあたりは投資環境としての優位性を高めることにつながっており、今後もしばらくは同じ傾向が続くものと思われる。

が、その一方で注意しておきたいのは２００７年から２０１２年にかけて税務調査の数が増加しており、徴収税額も増額しているということだ。その金額は２０１２年で４兆５０００億ＶＮＤにまで膨れ上がっており、前年比26㌫増という数字になっている。会計基準の一本化などの変化にともなうものとも思われるが、企業にとってはより高いコンプライアンス意識、体制が求められるようになっている。しかし、多くの企業はビジネスにばかり集中しており、現在の税制や規則への対応に関して、十分な時間を費やしていないので、このあたりをしっかりと準備しておく必要があるだろう。

ベトナムとベトナムに住む人たちを笑顔に

いずれにしても２０５０年ともなると、ベトナムは今の日本と似た人口構造、経済構造、産業構造になるだろう。つまり、今の日本における先端ビジネスやニッチビジネスを２０５０年のベトナムに適用することができるのだ。それと同様に、ベトナムの経済や社会が日本の何年代の状況に近いのか、そのあたりを分析するだけでも効率的にビジネスチャンスを捉えることができるはずだ。

しかし、何をやるかだけではビジネスを成功させることはできない。何事も先行することで優位に立つことができるのは間違いないが、どの分野であろうとしばらくすればアッという間にレッドオーシャンになってしまう。成長著しいベトナムのような市場であればなおのことである。そこで、何よりも重要になるのはやはり情熱なのではないだろうか。目先のビジネスだけではなく、ベトナムのことを愛し、「ベトナムにこういう国になってほしい」と願うこと、そして、それに向けてひたすらに努力することが肝心なのではないか。振り返ってみると、手前味噌ではあるが、私たちもベトナムのことを愛し、ベトナムの経済成長に貢献したいという一心でビジネスに身を投じてきた。もちろん、その熱意が空回りし、良からぬ結果を生むこともあったが、その思いが周囲に伝わったからこそ、優秀なスタッフや顧客に恵まれ、ワクワク、イキイキ、ニコニコしながら、ベトナムビジネスを進めることができているのだと思う。ビジネストレンドは日々、変化し続ける。法律や制度の変化によって、ベトナムビジネスを取り巻く環境はこれからも大いに変わり続けるだろう。だが、ベトナムでビジネスをするからには、ベトナムという国、そしてベトナムに住む人々の笑顔につながるようなビジネスに取り組むという思いは変わらずに持ち続けていきたいし、これからベトナムビジネスに挑戦する人たちにもその思いを共有してほしいと思う。

エピローグ

執筆者代表
蕪木優典（アイ・グローカル代表）

ベトナムは日々、成長している。当面は人口も経済も成長軌道にあり、ＧＤＰも伸び続けていくだろう。ＴＰＰが発効されれば、その勢いはさらに増すともいわれている。

当然ながら日本の多くのビジネスパーソンはそのことに着目している。おかげで、２０１５年から円安基調にあるが、私たちのもとにはベトナム進出などに関する相談が多く寄せられる。だが、かぎられた時間でベトナムのことをきちんと伝えるのはなかなか難しい。そこで、私はベトナムビジネスの先端で働く専門家たちとともに本書の企画を立ち上げた。ベトナムの過去、現在、未来をビジネスという視点でまとめることで、ベトナムビジネスに携わっている人、あるいはこれからベトナムビジネスにチャレンジしようとしている人たちの一助となればと考えたのだ。

とはいえ、本書の制作には苦労もあった。ベトナムの状況や制度は頻繁に変わるため、リアルな企業動向や客観的なデータをきちんと入手し、整理していくのに思いのほか時間がかかってしまった。だが、仕上がりは上々だ。まずこの本を一読すればベトナムビジネスに立ち向かうための予備知識を得られるものと思う。

本書では先に述べたとおり、ベトナムビジネスを過去、現在、未来という視点でまとめているが、読者のなかには歴史を改めて知ることに意味を感じない方もいるかもしれない。しかし、それは残念なことだと思う。ベトナムという国、そしてベトナム人の特性を知るには、やはり歴史や文化に触れることが一番だからだ。私は常々、ベトナムビジネスにおいて重要なのは「いかにベトナム人と付き合っていくか」だと考えている。ベトナム人と一緒に働く時、彼らの考え方や思いを汲み取り、柔軟にビジネスや組織を組み立てていくことが大切なのだ。「組織と個人個人との目線合わせ」が重要だということだ。おそらくベトナムで失敗する人は、ベトナムでも日本流の人事や組織づくりを推し進めているケースが多いのではないだろうか。まずは相手を理解しようとする意思を示すことが、ベトナムビジネスを成功に導く最大の近道となる。「面従腹背」という言葉がある。表面では従い、心の中では批判するという意だが、そういう人々が多くいるような組織では、上司の指示だけで物事がうまくいくわけがない。現地で一緒に働く仲間と共感できる共通のモノサシ（価値基準）が必要なのだ。

次いで現在と未来のパートを読めば、おのずとベトナムビジネスにおいてどのようなストーリーが描けるか想像できるだろう。将来が不透明な日本よりも、本書にあるような事象やデータに基づいてベトナムを分析した方が、より明確にビジネスモデルを描くことができるはずだ。

なお、本書を出版するにあたっては、共同執筆者のメンバーをはじめ、東方通信社の古川猛さんと熊本鷹一さん、バリュークリエイトの田代悠さんと川井田有希さんなどに協力いただいた。心から感謝の意を述べさせていただきたい。関係者の知恵を結集したこの本が、一人でも多くの方の役に立つことを願って筆を置きたいと思う。

2016年4月　蕪木優典

ベトナムビジネスQ&A

日々刻々と変化するベトナムビジネス。ここではその最前線で戦う著者たちのもとに寄せられることの多い質問とその回答を一挙に公開。実務の面からベトナムビジネスの〝今〟を浮き彫りにする。

質問事項一覧

投　資

質問1
2015年7月1日より企業法および投資法が改正されたが、外資系企業の設立手続きは旧法令と比べてどのように変わるか。

質問2
現地法人の法的代表者は複数人を登記できるか。また、法的代表者の居住条件およびその違反の罰則規定の内容は何か。

質問３
法的代表者の権限を他の者に委任することは可能か。

質問４
当社はベトナムに輸入販売（卸売と小売）を行う販売会社を設立したいが、資本金が１００パーセント外資で設立することはできるか。

質問５
駐在員事務所の活動範囲はどこまで可能か。

質問６
株式会社と有限責任会社との違いは何か。

質問７
株式会社と有限責任会社の株主総会（社員総会）で、決議するためにはどの程度の賛成決議が必要か。

質問８
現地法人と駐在員事務所の印鑑に関する規定はあるか。

質問9

株式会社における監査役会の設置条件は何か。

質問10

製造業で現地法人を設立したあと、輸入販売ライセンスを追加申請することは可能か。

質問11

EPE（輸出加工企業）を選択する意義は何か。

質問12

ベトナムで現地法人を解散・清算する際の懸念点は何か。

会計税務

質問13

ベトナムの個人所得税の税率はどの程度か。

質問14

ベトナムの法人税の税率はいくらか。

質問15
社員旅行や社内懇親会の費用は税務上損金算入不可と聞いているが、他の費用項目で損金処理する方法はないか。

質問16
レッドインボイスとは何か。

質問17
日本の親会社の社員（役員を含む）がベトナム子会社に出張する場合の出張費用を、ベトナム子会社が負担する場合の税務上の取り扱いはどうなるか。

質問18
会計年度はどのように決めるか。また初年度の決め方を教えてほしい。

質問19
ベトナムではチーフアカウンタント（会計責任者）を採用しなければならないと聞いたが、チーフアカウンタントとは何か。

質問20

時間外手当、夜勤手当は個人所得税（PIT）を免除されるか。

質問21

広告および販促の目的で、ベトナム子会社が日本の親会社から援助金を貰う場合、VATインボイスの発行および付加価値税（VAT）を納めなければならないか。

質問22

駐在員事務所の税務調査はどのような流れで行われるか。

質問23

駐在員事務所の税務調査のリスクにはどのようなものがあるか。

質問24

２０１４年６月１日以降の、印刷業者に注文した領収書の初回発行通知手続きはどのような手順か。

質問25

どのような場合に外国契約者税の確定申告を行う必要があるのか。

質問26
税務申告書類を期限より90日以上遅れて提出した場合の罰金はどのくらいか。

質問27
日本本社が、駐在員の日本発生費用（人件費など）をベトナム現地法人に請求することは可能か。
また、ベトナム現地法人から支払い・送金をする際、どのような税金がかかるか。

質問28
領収書の法的要件とは何か。

質問29
自社のインボイスに、自社の社印及び社長のサインを印刷することはできるか。

人事労務、その他

質問30
労働契約の種類はどのようなものがあるか。

質問31
就業規則の規定はどのような内容か。

質問32
就業規則の登録はどのように規定されているか。

質問33
時間外労働に関する規定はどのような内容か。

質問34
ベトナムで「賃金」はどのように定義されるか。

質問35
ベトナムの最低賃金はいくらか。また、どのように推移しているか。

質問36
労働契約期間中に従業員を解雇することは可能か。また、その場合どのようなことに留意すべきか。

質問37
懲戒処分を行うときに必要な手続きはあるか。

質問38
企業の出資者でない外国人従業員に労働契約は必要なのか。

質問39
女子従業員の出産に関する各規則にはどのようなものがあるか。

質問40
労働者の試用期間に関する留意点は何か。

質問41
日本で研修させたベトナム人労働者が、現地法人での勤務開始後3カ月で退職した。研修費用を返還させることはできるか。

質問42
社会保険、健康保険及び雇用保険の負担割合はどの程度か。

質問43
試用期間中に有給休暇は取れるか。またその日数は何日か。

質問44
強制社会保険及び健康保険に関する手続きにはどのようなものがあるか。

質問45
外国人のベトナムでの労働許可証の取得制度はどのようなものか。

質問46
労働許可証と労働ビザの違いは何か。

質問47
会社内に労働組合を作る意味はあるか。

質問48
労働組合の費用負担は如何ほどか。

投　資

質問１

２０１５年７月１日より企業法および投資法が改正されたが、外資系企業の設立手続きは旧法令と比べてどのように変わるか。

答え　２０１５年７月１日前に設立された外資企業は投資証明書（Investment Certificate ＝IC）のみを取得すればよかったが、２０１５年７月１日以降の新規設立は投資登録証明書（Investment Registration Certificate=IRC）を取得したうえで、企業登録証明書（Enterprise Registration Certificate=ERC）を取得する流れに変更される。

なお、旧法で設立された外資企業で、なんらかの内容修正（たとえば法的代表者変更、住所変更など）が必要になった場合、旧投資証明書（IC）をＥＲＣとＩＲＣに分けるとともに、該当事項を修正することになる。

投資法および企業法では、投資登録証明書は原則として十分な書類の受領から15日以内、企業登録証明書は書類の受領から3営業日で発行されると規定されている。

質問2

現地法人の法的代表者は複数人を登記できるか。また、法的代表者の居住条件およびその違反の罰則規定の内容は何か。

答え　旧企業法では一人のみ法的代表者に登録できたのに比べて、改正企業法では現地法人の法的代表者に複数人を登録できる。ただし、最低でも一人の法的代表者はベトナムに常在する必要がある。なお、法令上の常在の定義は明確ではないが、個人所得税法での定義である「居住者」と解釈されることが一般である。

なお、2013年11月11日付政府政令 Decree 155/2013/ND-CP号の第31

条1項によると、この違反には1000万VNDから1500万VNDまで（約450米ドルから700米ドルまで）の罰金が課される。

質問3

法的代表者の権限を他の者に委任することは可能か。

答え 企業法において、ベトナムに居住する法的代表者がベトナムから離れる場合には、法定代表者の権限の行使及び義務の履行を他人に対して書面により委任しなければならないとされている。また、民法においても、法的代表者が委任代理人を立てることは認められている。

もっとも、2015年の政令において労働契約締結・懲戒手続きには一定の制約が課せられており、労働契約締結に関しては、法的代表者が締結するのを原則としつつ、労働省により発行されるフォームに基づいて他の者に労働契約締結の権限を委託することができるとしている。また、権限を委託された者は、他の者に再委託することは認められない。
また、懲戒手続きにおいて労働者を処分できる者は、労働契約に署名する資格のある法的代表者であり、労働契約の締結の委託をされた者については戒告処分までしかできない、とされる。このような制限に反して契約の締結や懲戒を行うと、無効となるため注意が必要。

質問4

当社はベトナムに輸入販売（卸売と小売）を行う販売会社を設立したいが、資本金が100％《パーセント》外資で設立することはできるか。

答え　できる。ベトナムのWTO加盟公約（2006年10月27日付けWT/ACC/VNM/48/Add.2）によると、2009年1月1日以降は輸入販売（卸売と小売）を行う100％《パーセント》外資企業の設立が認められている。しかし、外資の商社設立申請の際に、何でも取り扱うことができるわけではなく、取り扱い品目に該当するＨＳコードをリストアップし、登録する必要がある。

質問５

駐在員事務所の活動範囲はどこまで可能か。

答え 外国法人の駐在員事務所に関する新法令07/2016/ND-CP号（２０１６年4月1日より発効）により、駐在員事務所の活動範囲は以下に規定される。

・本社との連絡窓口業務

・市場調査業務

・投資機会および事業協力の促進業務

今回の新法令は以前の規定と比べて、活動範囲から「本社とベトナム企業間で締結した契約のサポート」業務の記載が削除され、駐在員事務所の活動の取り締まりがより強化されると予想される。

質問6

株式会社と有限責任会社との違いは何か。

答え 株式会社と有限責任会社は、どちらもベトナムの企業法で定められる企業形態である。他にも企業形態は存在するが、現地法人を設立する場合は、通常この2形態のどちらかでの設立となる。いずれも、出資者（株主）の責任は有限責任であるため、出資した以上の額の責任を問われることは基本的にはない。

それぞれ異なる点は多いが、どちらで法人設立をするか検討する際の大きなポイントは次のとおりだ。

まず、株式会社の場合は、当初から株主が3名以上必要となる。これに対して、有限責任会社は1名から可能。また、有限責任会社では、最大の出資者は50名までとされる。

また、ベトナムで上場したいという希望がある場合に株式会社を選ぶケースもある。この場合、上場会社になるためには株主が１００名必要となる。
さらに、有限責任会社では、出資持分割合に従った議決権や配当金額となるが、株式会社では、議決権優先株や配当優先株などの種類株式の発行も可能となるため、議決権や配当などに差を設けるということも可能になる。
実務上は、進出する日系企業の95パーセント以上は有限責任会社を選択する。以上上記を考慮して、株式会社にする必要を感じない（出資者が少ない、上場は目的としない、配当や議決権に差を設ける必要もない）ということが理由となっている。

質問７

株式会社と有限責任会社の株主総会（社員総会）で、決議するためにはどの程度の賛成決議が必要か。

答え　改正企業法施行前までは、株式会社についても有限責任会社についても、普通決議の決議要件は出席した者の株式総数（出資持分割合）の65パーセント、特別決議の決議要件が75パーセントと高い割合が必要とされていた。これにより、従来は株式（出資持分）の過半数を有しているにもかかわらず、他の者の反対により決議ができないケースが非常に多くみられた。

改正企業法においては、これが修正され、株式会社については普通決議について51パーセント、特別決議について65パーセントとされている。

また、有限責任会社については従来と同じ普通決議65パーセント、特別決議75パーセントとなっているが、定款で別の比率を定めることもできると規定されたことから、普通決議を51パーセント、特別決議を65パーセントにすることもできると考えられている。

ベトナム側と合弁企業を作る場合などについては、あらかじめ比率を定款で定めておくことが望ましい。

質問8

現地法人と駐在員事務所の印鑑に関する規定はあるか。

答え 現地法人の場合、改正企業法により複数の印鑑を作成し使用することが可能である。また、会社の印鑑は公安局に印鑑登録をすることが不要になり、使用開始通知書のみを計画投資局に提出しておけばよいことになった。

一方、駐在員事務所の場合、管轄法律が企業法ではなく商法のままであるため、印鑑に関する規定は現行のままである。つまり、事務所の印鑑は原則としてひとつのみで、公安局に登録する必要がある。

質問9

株式会社における監査役会の設置条件は何か。

答え 株式会社の場合、監査役会の設置は必須であり、その条件は次のとおりである。

① 監査役会は3人から5人で構成され、任期は5年以内で、再任は可能である。また、再任回数に制限はない。

②多数決の原則に従い、監査役のうちから1人を監査役会長に選任する。監査役会の過半数はベトナムに常駐している者でなければならない。また、監査役会長は原則として専門職の会計士または公認会計士でなければならない。

③監査役が任期を終了した時点で、新任期の監査役が選任されていない場合、任期を終えた監査役は新任期の監査役が選任されて着任するまで、引き続きその権限を行使し、義務を行う。

質問10

製造業で現地法人を設立したあと、輸入販売ライセンスを追加申請することは可能か。

答え　可能である。

WTO加盟条約では2009年より100パーセント外資系企業も商社のライセンスを取得できるようになっており、完全な商社のみならず、製造業にもこのライセンスの追加が可能である。

ただし税務上、輸入販売は法人税の優遇がないため、もし本業である製造のライセンスに法人税優遇があるとしても、輸入販売の部分は優遇対象外になるため、留意してほしい。

質問11

EPE（輸出加工企業）を選択する意義は何か。

答え　製造業については、EPE（輸出加工企業）という形態を付加することが可能である。EPEとは原則として保税で原材料・設備などを輸入し、製造した製品を海外に販売する企業を指す。大幅な保税取引が認められており、大部分を海外との取引が占める外資系の工場の場合には、これまで多くがEPE形式を採ってきた。

将来的にはEPEの形態はなくなると考えられるが、現時点でEPEを選択するか検討する際には次について考慮する必要がある。

1つ目は、取引先について。親会社や海外の取引先へ製造した製品を販売することが多いのであれば、EPEにする意義はある。またEPE間で売買する場合においては、通関をしないことを選択できるなどのメリットもある。他方で、EPEはもともと保税で海外と取引するための地位なので、ベトナム国内における販売取引に制約がありうる。現時点では、法令上もベトナム国内マーケットへの販売が認められているが、どの程度の量まで可能かが明確化されていない。もともと、ベトナム国内に販売するのは例外的な場合であるため、製造した製品のうちの多くをベトナム国内マーケットに販売することは、規制の対象になる可能性がある。この点、現時点では2~3割程度であれば国内マーケットへの輸出は可能と考えられているが、今後国内販売を主に考えている企業については注意が必要だ。

また、他にも、ベトナムにおいてはASEAN統合により2018年までに域内の関税がほぼゼロになり、日本やアメリカを含むTPP加盟国の間でも関税が大幅に緩和される。保税取引のメリットが相対的に下がることになるため、このような自由貿易協定の影響も考慮し、進出形態を考えることが望ましい。

質問12

ベトナムで現地法人を解散・清算する際の懸念点は何か。

答え　撤退に多くの費用や時間がかかることが中国などでもしばしば取り沙汰される。ベトナムの企業法では、以下の４つの場合に解散が認められると規定されている。

①会社の定款に記載された活動期間が終了し、延長決定がない。

②私人企業では企業主の、合名会社では全合名社員の、有限責任会社では社員総会又は会社所有者の、株式会社では株主総会の決定がある。

③会社が６カ月間継続してこの法律の規定による最低社員数を満たさず、企業

形態の転換手続きを行わない。

④ 企業登記証明書が回収された。

ほとんどの場合、新しい企業を設立する又は業績の悪化により、活動期間が終了して延長をしないケース（①）か、解散決議をするケース（②）となる。この場合、解散決議をした上で、法人登記機関や税務機関に申告することになる。

この際問題となるのは、税務調査による租税債務と、それを含むその他債務の返済だ。破産ではなく解散・清算する場合には、すべての債務を返済できることが要件になるが、これを返せない場合には増資の必要が出てくることもあり、その手続きで費用・時間がかかることがよくある。また、税務調査においても税務当局としては徴税のできる最後の調査になるため、通常より厳しく確認されることが通例だ。ここで追徴課税・加算税・重加算税・その他行政罰が課せられることとなるため、偶発的な債務がもっとも生じやすい。

その上で、行政上の手続きを進めていくことになるため、比較的長期間に及ぶことも多く、半年～1年超くらいの期間を解散・清算手続きに要するのが通例となっている。

会計税務

質問13

ベトナムの個人所得税の税率はどの程度か。

答え　居住者か非居住者かで税率は異なる。

居住者の場合、全世界所得に対して、累進課税率（最低5パーセントで最高35パーセント）が適用される。

一方、非居住者の場合、ベトナムの所得に対して、一律20パーセントの税率で課税される。

質問14

ベトナムの法人税の税率はいくらか。

答え　法人税の標準税率は２０１５年末まで22パーセントだったが、２０１６年より20パーセントに引き下げられた。

　また、法人税率の優遇も以前と比べて大幅に縮小されているが、一部の経済的に困難な地域や工業団地に入居する場合、そしてソフトウェア開発の場合は標準税率の半分となる優遇も一部残っている。ただし、ベトナムで法人税の優遇の適用条件は曖昧な部分もあるため、その条件を慎重に検討した上で、適用申請をしたほうがよい。

質問15

社員旅行や社内懇親会の費用は税務上損金算入不可と聞いているが、他の費用項目で

損金処理する方法はないか。

答え 以前、社員旅行や社内懇親会は生産活動に直接関係しないものとみなされ、税務上否認されることが多かったが、２０１４年以降は事業年度内の従業員に対する福利厚生費用（社員旅行や社内懇親会などを含む）の合計額は、その事業年度内の実際支給給与の平均月給総額を限度額として損金算入できるようになった。

なお、上記「実際支給給与」とは、当課税年度に係る確定申告期限までに実際支給した当年度に発生した給与額であり、前年度に未払計上し当年度に支給した金額は含まない。

質問16

レッドインボイスとは何か。

答え　ベトナムでは、物品を販売したりサービスを提供したりする時に、公式領収書を発行しなければならない。その公式領収書は淡い赤色をしているためレッドインボイスとも呼ばれている。

レッドインボイスは請求書と領収書の役割を果たしており、ベトナムでの法人税の申告の際、損金経理の証憑書類としてレッドインボイスが求められる。

なお、日本でも請求書や領収書といった証憑書類は存在するが、消費税の申告は基本的に帳簿に基づき行われる。しかしインボイス方式の場合は発行できる業者が限られており、付加価値税（日本における消費税に相当）に関しても明記しなければならないため、帳簿に基づいて申告が行われる場合と比べ、正確な徴税を行える。

質問17

日本の親会社の社員（役員を含む）がベトナム子会社に出張する場合の出張費用を、ベトナム子会社が負担する場合の税務上の取り扱いはどうなるか。

答え

ベトナム非居住者である日本親会社の社員（役員を含む）がベトナム子会社に出張する際、航空券代、ホテル代および出張手当などの出張費用をベトナム子会社が負担する場合（日本親会社が一旦支払い、後日ベトナム子会社に請求する場合を含む）、ベトナム子会社から日本親会社に立替分を返済したとしても、出張者の給料を間接的に負担するものとみなされ、原則、当該費用は出張者の課税所得として取り扱われる。

また、日当を支払っていない場合は、出張者の年収から1日当たりの給与額を算出し、ベトナム出張日数を乗じたものを課税所得として取り扱うことになる。

当該出張費用をベトナム子会社で損金処理するためには、親子間で何らかの支援契約（営業支援契約など）を締結し、当該契約書上で当該出張費用について明記する必要があるが、当該支援契約に基づいてベトナム子会社が日本親会社にサービス報酬を支払う場合、当該サービス報酬は外国契約者税の課税対象になる。

質問18

会計年度はどのように決めるか。また初年度の決め方を教えてほしい。

答え ベトナムでは外国企業も含めて決算日を3月末、6月末、9月末および12月末から選ぶことができる。また、初会計年度は設立日から最大で15ヶ月間まで認められる。例えば、2016年11月に現地法人が設立され、かつ会計年度は12月末にした場合、初回の決算は2016年12月末か2017年12月末を選択できる。なお、外資系現地法人はすべて法定監査を受ける必要があり、その監査報告書を決算年度が終了してから90日以内に指定当局（税務局、統計局など）に提出しなければならない。

質問19

ベトナムではチーフアカウンタント（会計責任者）を採用しなければならないと聞いたが、チーフアカウンタントとは何か。

答え　２０１５年11月20日付改正会計法では、各企業はチーフアカウンタントを設置しなければならない、とされている。ちなみに、現時点では改正会計法の施行細則が発表されてないが、旧会計法の施行細則では、新規設立１年目ではチーフアカウンタントは不要だが、２年目以降は必ず置かなければならないとされていた。また、企業は従業員の中から資格保持者であればチーフアカウンタントを任命できるほか、会計事務所などのチーフアカウンタント代行サービスを利用することも認められる。

チーフアカウンタントとして認められる基準および条件は以下となる。

・会計専門知識を持つこと（専門学校以上）

・チーフアカウンタント認定コース受講・試験受験
・会計実務経験年数は2年以上（大学卒）か3年以上（専門学校か短大卒）。

なお、チーフアカウンタントの採用時には以下もご留意頂きたい。

①外資企業では海外との商取引、海外グループ会社とのやり取りが頻繁に発生すると予想されるため、チーフアカウンタント雇用の際には、会計知識のみならず外国語で意思疎通が可能な人を慎重に選択することがその後の会社運営を円滑に行う上で重要となる。

②チーフアカウンタントは常勤すべきか否かについて、常勤の義務は法律ではとくに規定されていない。実務上は会計事務所が代行しているケースも多くあるため、常勤である必要はないと解釈されている。

質問20

時間外手当、夜勤手当は個人所得税（PIT）を免除されるか。

答え

個人所得税法に関する実施ガイダンスCircular 111/2013TT-BTC第3条第1項・iによると、時間外勤務や夜勤による給与・報酬は、常時勤務による給与・報酬より高く、全額が個人所得税の非課税対象となるわけではない。所得税が免除されるのは残業手当、夜勤手当と基本給との差額である。

例えば、常時勤務の時給が2万ＶＮＤのＡさんは、

①平日に2時間残業をした場合、1時間当たりの残業代が2万ＶＮＤ×１５０パーセント＝３万ＶＮＤとなる。そのうち、非課税対象となる所得は（３万ＶＮＤ－２万ＶＮＤ）×２時間＝２万ＶＮＤである。

②休日・祝日に2時間残業した場合、1時間当たりの残業代が２万ＶＮＤ×２００パーセント＝４万ＶＮＤとなり、非課税対象となる所得は（４万ＶＮＤ－２万ＶＮＤ）×２時間＝４万ＶＮＤである。

なお、企業は残業時間、夜勤時間、残業代を詳細に記した表を作成しなければならない。同表はＰＩＴの決算申請書類とともに税務局に提出される

ものである。

質問21

広告および販促の目的で、ベトナム子会社が日本の親会社から援助金を貰う場合、VATインボイスの発行および付加価値税（VAT）を納めなければならないか。

答え　VATに関するガイドラインCircular 219/2013第5条1項およびCircular78/2014第7条1項によると、自社製品や輸入商品の広告、マーケティング、メンテナンスなどといった販促目的で、他の会社より援助金を受けた場合、その援助額は法人税法上その他の収入とみなされる。援助金を受けた会社はVATインボイスの発行は不要であるものの、領収書の発行は求められている。

質問22

駐在員事務所の税務調査はどのような流れで行われるか。

答え　駐在員事務所の場合、活動中2～3年に1度税務調査が入る可能性があり、また駐在員事務所を閉鎖する際には必ず税務調査を受けることが義務付けられている。税務調査の流れは以下のとおりである。

1. 税務局からの税務調査実施通知書の発行

通常は税務局より、書面で調査対象の税金（駐在員事務所の場合は個人所得税のみ）、調査チーム、調査予定日、必要準備書類などが事前に通知される。場合によっては電話で通知されるケースもある。駐在員事務所は必要に応じて、調査予定日の若干の調整を税務調査チームと交渉することもできる。

実務上では、調査チームは駐在員事務所では調査を実施せず、必要書類を直接税務局に提出するよう要求することもある。

2. 税務調査

通常は数日間程度調査が行われるが、税務調査後は、追加書類の提出を求められ、駐在員事務所側と税務担当者で確認作業と交渉が継続する場合が多い。

3. 税務調査議事録原案発行

右記の確認作業の完了後、税務局は税務調査の内容、税務違反項目、追徴課税額などを記載する税務調査議事録原案を発行する。もし当該議事録の内容に合意できない場合は引き続き税務局と交渉をすることができる。

4. 税務調査議事録最終版発行

交渉が完了した段階で税務調査議事録最終版が発行される。議事録最終版には駐在員事務所所長の署名が必要である。

5. 税務局からの決定書発行

最終的な追徴課税額、遅延利息額、罰金額と支払い期限を記載した決定書が発行される。

6. 支払い

右記の決定書の内容に従って駐在員事務所は支払いを行う。

質問23

駐在員事務所の税務調査のリスクにはどのようなものがあるか。

答え 次の項目に該当する場合は、税務調査時に指摘されるリスクが高いと考えられる。

a 駐在員事務所であるためVATインボイスを取得していない。

b インボイスのない駐在員の立替費用がある。

c 小口の支払いがあるが、現金出納帳が付けられていない。

d 出張手当が、公務員の水準の2倍を越えた金額で支給されている。

e 給与及び住宅手当以外、以下のような手当が支給されるが、所得に合算して申告されていない。

① 車両リース費または通勤時のタクシー費

② 海外旅行保険

③ 健康診断費用

④赴任手当、引越手当（赴任時の本人分は非課税）
⑤休暇で帰国する際の航空券代（年1回本人分は非課税）
⑥語学研修費用
⑦ゴルフフィー、ゴルフ会員権代
⑧子供の学費（インボイスが個人名義の場合）
⑨電話代（インボイスが個人名義の場合）など

質問24

2014年6月1日以降の、印刷業者に注文した領収書の初回発行通知手続きはどのような手順か。

答え　2014年6月1日発効の通達第39/2014/TT-BTC及び弊社の実務経験に基づき、注文印刷する領収書の初回発行の通知手続きは以下のとおりである。

ステップ①：税務局へ領収書使用申請書の提出。

通達第39/2014/TT-BTC第８条に基づき、印刷業者に初回注文する前に、企業は直接管理税務局に注文印刷する領収書の使用申請書（通達第39/2014/TT-BTC添付フォーム3.14）を提出しなければならない。これは以前の規定にはなかった新しい規定である。

ステップ②：税務局に登録された営業実施場所の説明。

上記の申請書提出後、税務局の担当者が企業へ営業実施場所を検討・確認に来る。企業は以下の書類を準備する必要がある。

イ　企業が営業実施場所を合法的に使用していることの証明書（オフィスの賃貸借契約、土地使用権の証明書…）

ロ　投資証明書

ハ　税コード登録承認書

営業実施場所の合法性を確認した上で、税務局は記録書を発行する。本記録書には税務局の担当者、企業の代表者、賃借人の三者が署名する。

ステップ③：税務局が、企業が注文印刷する領収書の使用条件を満たしていることを承認。

企業の使用申請書の受領日から5日以内に、税務局は企業に承認書を発行する。本書によって、企業は注文印刷する領収書の使用条件を満たしていることが確認できる（通達第39/2014/TT-BTC添付フォーム3.15に基づく）。

ステップ④：印刷業者に領収書を注文。

税務局の承認書を取得しないと、企業は領収書を注文印刷することができない。従って、企業と印刷業者の間の注文契約書締結日は、承認書の承認書発行日の後にならなければならない。そうでない場合、税務局が領収書発行通知書（ステップ⑤の書類）を受理しないことがありうる。

ステップ⑤：領収書の発行を税務局に通知する。

ステップ⑥：税務局の確認。

企業の希望枚数及び領収書に関する規定に基づき、管理税務局は3カ月から6カ月以内の企業の領収書の予定使用枚数を決定する。当使用予定枚数は企業の領収書の発行通知書に表示される。

質問25

どのような場合に外国契約者税の確定申告を行う必要があるのか。

答え 税務管理法の実施ガイダンスに関する2013年11月6日付通達第156/2013/TT-BTC第20条第3項によると、VAS非適用の場合、外国契約者に支払う度に申告する必要があり、さらに契約を終了する際に確定申告を実施しなければならない。

加えて、ベトナム法人は外国契約者の代わりに、外国契約者税を当税務局に申告・納付しなければならない。外国契約者の契約書が建築・設置の契約である場合には、建築・設置場所で現地税務局の局長が指定する市税務局又は区税務局に外国契約者税の確定申告書類の納付が必要となる。

また、契約終了日より45日以内に、企業は外国契約者税の確定申告を実施しなければならない。実務上、契約終了日は、両当事者が清算議事録に署名した日付とされている。

質問26

税務申告書類を期限より90日以上遅れて提出した場合の罰金はどのくらいか。

答え　税務違反に係る処罰及び強制執行に関する２０１３年11月15日付通達166/2013/TT-BTCによると、税務申告書類の提出遅滞が90日を超える場合、次のとおり罰金が課せられる。

処罰対象事由	罰金（VND）
提出遅滞日数が40日以上～90日以下	200万-500万VND
税額が当該期間に発生していない場合で、税務申告書類の提出遅滞日数が90日を超えている場合	200万-500万VND
税務確定申告書類は期限内に提出しているが、税務四半期申告書類の提出遅滞日数が90日超える場合※	200万-500万VND

※税務確定申告書類を期限通りまたは期限を過ぎて提出しているが、税務四半期申告書類を未提出で、かつ税額を全額納付していない場合は、通達166/2013/TT-BTC号の第13条a項にもとづき、脱税行為として罰金が課せられる。
納税者が、税務局が提出遅滞に係る税制行政違反議事録を発行する前に、自主的に納税を行った場合は、税務申告書類の提出延滞行為として通達166/2013/TT-BTC号の第9条第6項にもとづき処罰される。

上記の税制行政違反の罰則を受けることのないよう、規定に従い期限内に税務申告・納付を行うことをお勧めしたい。

質問27

日本本社が、駐在員の日本発生費用（人件費など）をベトナム現地法人に請求することは可能か。また、ベトナム現地法人から支払い・送金をする際、どのような税金がかかるか。

答え

給与の立替の場合、日本本社が、駐在員の日本発生費用（人件費など）をベトナム現地法人に請求することは可能である。なお、ベトナム現地法人から支払い・送金する際の税金は原則としては発生しない。ただし、実務上、税務署より給与の立替と証明できる書類の提出を要求される可能性が高いため、注意が必要である。

質問28

領収書の法的要件とは何か。

答え

領収書（以降「インボイス」と記載）は、次のように主に5つの種類がある。

① 付加価値税インボイス

② 売上インボイス

③ 他のインボイス：切手、切符、保険料領収書

④ 空港経由で輸送費領収書、銀行手数料領収書

⑤ コマーシャル・インボイス

また、自己印刷インボイス、電子インボイス、注文インボイスという3つのインボイス方式がある。種類及び方式によって規定が異なるが、一般的に次の規定を順守しなければならない。

① 法令上規定されている必要内容があること。

・インボイス名、インボイス番号・記号、インボイスの枚数
・売手の企業名（組織）・氏名（個人）、住所、税コード
・買手の企業名（組織）・氏名（個人）、住所、税コード
・提供した商品、サービス、単位、数量、単価

・税率、数値・文字で合計

② インボイス発行通知が正しく行われていること。

発行通知の署名日より10日以内、かつ企業がインボイス使用を開始する少なくとも5日前にサンプルインボイス、インボイス発行通知書を直轄管理税務局に提出する。

③ インボイスが正しく作成されていること。

・削除、修正が禁止されている。
・印刷の際には赤いインクを使用せず・褪色しないインクを使用する。
・数値、文字を連続して記載する。記載された文字の上に記入・印刷しない。空きスペースがある場合には斜線を引く必要がある。
・機器により作成される自己印刷、あるいは注文印刷インボイスは空きスペースがあっても斜線を引く必要はない

④**領収書の発行時点が正しいこと。**

・商品販売：所有権・使用権の移転時点
・サービス提供：サービス提供・代金の受取完了時点
・建設、据付：検査、建設工事引渡し時点

⑤**もの・サービスの販売において、2枚目の控えを支払者に提出すること。**

質問29

自社のインボイスに、自社の社印及び社長のサインを印刷することはできるか。

答え 会計法上第19条および20条によると、会計書類にあるサインは手書きでなければならない。政令 Decree 58/2001/ND-CP第1条によると、社印がある書類は法的に有効である。したがって、インボイスに、社印及び社長のサインを印刷することはできない。

人事労務、その他

質問30

労働契約の種類はどのようなものがあるか。

答え　労働契約には、以下の３つの形態がある。

① 無期限労働契約

無期限労働契約とは、両当事者が契約の効力を終了する期限および時期を確定しない契約をいう。

② 有期限労働契約

有期限労働契約とは、両当事者が契約の効力を終了する期限および時期を、満12カ月から36カ月までの期間に確定した契約をいう。

③ 季節的な業務または12カ月未満の特定業務を履行する有期限労働契約

通常の場合、有期限労働契約を締結し、その後無期限の労働契約に移る。有期限労働契約の更新回数は誤認されがちであるが、その回数は1度のみである。つまり、有期限労働契約→有期限労働契約の更新ときて、次に同じ人と労働契約を結ぶ場合には、無期限の労働契約を締結しなければならない。

なお、有期限労働契約書が満期となっているが、労働者が引き続き勤務する場合には満期日から30日以内に新しい労働契約書を結ばなければならず、これを結ばない場合には無期限の労働契約になるため注意が必要となる。

質問31

就業規則の規定はどのような内容か。

答え 就業規則については、以下のような内容を規定する必要がある。社会主義国でもあるベトナムでは、以下の事項について就業規則に詳細な定めがない場合には、紛争になった際に会社側の主張が認められない可能性も高いため、できる限り就業規則で定めておくのが望ましい。

a　勤務時間および休憩時間

↓1日・1週間の通常業務時間、シフトの時間、シフトの開始と終了、時間外業務、特別な状況での時間外労働、短時間の休憩時間、シフト交替のための休憩、週休日・年次休暇・私的休暇・無給休暇についての規定

b　職場における秩序

↓業務対象、業務時間中の外出、マナー・服装、使用者からの指示の遵守（業務に関係する事故や職業病の発生する明白なリスクがある場合や、労働者の生命・健康に重大な危機がある場合は除く）の規定

c　職場における労働安全・労働衛生

↓労働安全・労働衛生、火災、突発的騒動・妨害に関する規定を厳格に

守る旨の規定、労働安全・労働衛生の保障規定、労働災害・労働職業病予防の規定、労働安全・労働衛生の内部規則・手続き・基準遵守の規定、安全用具の使用・保管、有毒廃棄物の清掃・除去、職場の消毒に関する規定

d　使用者の資産、経営もしくは技術上の秘密または知的所有権の保護

↓保護の対象となる関連する資産、データについてはリストで記載が必要。

e　労働者の労働規律違反行為に対する懲戒処分の形式、物的賠償責任

↓違反の内容、どの程度のレベルに原則的に適用されるのかということや物的賠償責任については、会社の損失・損害のレベルと、賠償責任について、リストにして定めることが必要。

質問32
就業規則の登録はどのように規定されているか。

答え

従業員が10名以上の企業は文書で就業規則を作成しなければならない。なお、その就業規則を発行して10日以内に労働局に登録する必要がある。

また、就業規則の内容の修正が必要な場合、労働局は受理して7営業日以内に企業に返答しなければならない。もし、労働局が受理して15日以上修正の指導がない場合、就業規則は有効になる。

質問33

時間外労働に関する規定はどのような内容か。

答え

労働法、政令05/2015/ND-CP及び通達23/2015/TT-BLDTBXHに基づき、ベトナムおける時間外労働に関する規定は以下のとおりである。

1　時間外労働時間の限定

時間外労働は、労使双方の合意の上決定され、1日4時間、年間200

時間を超えてはならない。ただし、紡績、繊維、革、靴分野などの生産・加工企業には、緊急あるいは特別な場合であれば、年間３００時間以内の時間外労働が認められる。また、一般企業であっても、政府の管轄機関が特別に申し出を認め、年間３００時間以内の時間外労働を許可した実例もある。

２　適用範囲

適用対象者は管理職か一般従業員かに関係なく企業・機関・組織で勤務している労働者となる。

３　時間外労働に対する報酬割増率

時間外労働に対する報酬（残業代）の計算方法は以下のように規定される。

※Aは通常勤務日の時給

A＝月収（残業手当を除く）／１カ月の実際勤務時間（残業時間を除く）

※夜間は22：00〜06：00

3.1 昼間に残業する場合：

a. 平日に残業する労働者の場合：残業代＝150パーセントA

b. 週休日に残業する労働者の場合：残業代＝200パーセントA

c. 祝日、有給休暇日に残業する労働者の場合：残業代＝300パーセントA

3.2 夜間に残業する場合：

a. 平日に、昼間は残業せず、夜間に残業する労働者の場合：

残業代＝（150パーセントA＋30パーセントA＋20パーセント×100パーセントA）×深夜労働時間(h)

＝200パーセントA×h

b. 平日に、昼間、夜間共に残業する労働者の場合：

残業代＝（150パーセントA＋30パーセントA＋20パーセント×150パーセントA）×h＝210パーセントA×h

c. 週休日の夜間に残業する労働者の場合：

残業代＝（200パーセントA＋30パーセントA＋20パーセント×200パーセント）×h＝270パーセントA×h

d. 祝日、有給休暇日の夜間に働く労働者の場合：

残業代＝（300パーセントA＋30パーセントA＋20パーセント×300パーセントA）×h＝390パーセントA×h

4 違反処罰

2013年8月22日付Decree 95/2013/ND-CPに基づき、労働及び社会保険に関する行政処分を行う。使用者が、定められた時間を超える残業を行わせる場合は2500万VND～5000万VND（1120～2240ドル）の罰金と共に1ヶ月～3カ月の営業活動停止処分が下される。

質問34

ベトナムで「賃金」はどのように定義されるか。

答え

賃金とは、両当事者の合意に基づき業務を実施するために使用者が労働者に支払う金銭をいうが、ベトナムでは①基本給（Muc Luong）、②手当（Phu Cap）、③その他の補充項目（Cac Khoan Bo Sung）で構成されている。従来、この「賃金」に含まれる3つの種類、とくに②③について、どのような手当などが含まれるのかが明確ではなかった。

しかし、２０１５年に出された政令においては、②手当とは、「その職務または職位の給与基準の中に含まれていない、または十分ではない、労働条件、職務の困難性、生活条件件、労働の達成度合いに関する各項目を補う金額のこと」、③その他の補充項目とは、「給与額以外の補助額、仕事の実現または労働規約上の職位に関連する補助である。賞与、シフト交代中の食事、労働契約内の職位及び仕事達成に関係しない手当、補助額を除く」とされた。これを確認すると、賞与や食事手当などの実費性の手当を除く、ほとんどの手当が「賃金」の解釈に含まれると考えられる。

残業代や社会保険料の算定の際には「賃金」をもとに算定しているが、従来は「賃金＝基本給」として計算している企業が多くあった。

しかし、定義が明確化されたことにより、今後は残業代や社会保険料などの計算においても多くの手当を含める必要が出てくる。これにより労働者を多く抱える企業にとってはコストの増加要因となっている。

質問35

ベトナムの最低賃金はいくらか。また、どのように推移しているか。

答え　ベトナムの最低賃金は、以下のように変遷している。地域ごとに異なる金額になっており、ホーチミン周辺やハノイ周辺は第一地域となる。

ベトナムの最低賃金

	2014年	2015年	2016年
第１地域	**270万VND**	**310万VND**	**350万VND**
第２地域	**240万VND**	**275万VND**	**310万VND**
第３地域	**210万VND**	**240万VND**	**270万VND**
第４地域	**190万VND**	**215万VND**	**240万VND**

※政府発表によれば2018年までに、第1地域では400万VNDまで上昇する予定。

質問36

労働契約期間中に従業員の解雇をせずに、会社側から従業員を退職させることは可能か。その場合どのようなことに留意すべきか。

答え　原則として、解雇をする場合、質問37に記載のように一定の手続きを経る必要があり、煩雑な手続きが必要となる。もっとも、解雇以外の場合に会社側から従業員との労働契約を一方的に解除できる場合がある。

1. 会社が一方的に労働契約解除できるケース

イ　従業員が頻繁に労働契約に定められた業務を遂行しない場合

ロ　従業員が病気・事故で次の期間に渡って治療を受けたが、労働能力が回復しない場合

・無期労働契約の場合：連続12カ月以上

・12カ月から36カ月以内の有期労働契約の場合：連続6カ月以上

・12カ月未満の季節的労働または特定の労働契約の場合：契約期間の1/2以上

イ　天災、火災又は政府が定めたその他の不可抗力事由が発生した場合において、会社がこれを克服するためにあらゆる努力を尽くしたが、生産縮小及び人員削減を行わざるを得ない場合

ロ　従業員が、労働契約の一時履行停止期間の終了日より15日以内に職場に復帰しない場合

ただし、以上のケースでも以下に該当する場合は会社からの一方的な労働契約解雇は禁止される。

i.　従業員が病気、業務上の事故又は職業病のため、指定医療機関の指示にしたがって治療中又は療養中である

ii.　従業員が年次有給休暇、個人休暇その他雇用主の認める休暇中である

iii.　女性の従業員が、結婚・妊娠・産休及び12カ月未満の子供の育児中である

2. 退職金、離職金

労働契約を解除する場合、会社は勤続12カ月以上の従業員に対し退職金・離職金を支払う義務があり、勤続1年につき半月の給料に相当する退職金を支払う必要がある。もっとも加入が義務付けられている雇用保険に加入している期間は、雇用保険より支払われる。

ただし、「組織・技術の変更」と「経済上の問題」で従業員が失業する恐れがある場合、従業員は会社より離職金を支給される。一般的に連続1年につき1カ月の給料に相当する金額を支払う。離職金算定用の勤続期間が18カ月未満の場合、離職金を平均月給の2カ月分支給される。

3. 事前通知期間

一方的に労働契約を解除する場合、会社は次の期間よりも前に労働者に通知しなければならない。

a. 無期労働契約の場合：45日以上前
b. 12カ月以上36カ月以内の有期労働契約の場合：30日以上前

c. 上記1b及び12カ月以下の季節的な業務又は特殊な業務の契約の場合：
3日以上前

質問37

懲戒処分を行うときに必要な手続きはあるか。

答え　使用者は、「労働規律」（以下で説明）に違反した労働者に対して、譴責、6カ月を超えない昇給期間の延長・降職、解雇の3種類の処分を行うことができる（労働法第125条）。これらの処分以外に、就業規則において出勤停止などの軽い処分を創設することができるか否かは明確でないが、通常はこの3種類のみを懲戒処分として就業規則に規定する（労働規律の違反に対する処分として減給及び罰金などにすることができないことは労働法第128条第2項で規定されている）。

「労働規律」とは、「就業規則における時間、技術並びに経営及び生産に関して遵守すべき決まり」とされている（労働法第118条）。この定義からわかるとおり、労働規律の違反として処分を行うためには、労働規律として就業規則に規定されていることが必要であり、労働規律として就業規則に規定されていない場合には、処分を課すことができないことに注意が必要となる（労働法第128条第3項参照）。

懲戒処分を行うためには、①会社が労働者の過失を立証すること、②基礎レベルの労働集団の代表組織が参加すること、③労働者が出席し、自らの権利を守り又は弁護士もしくは他の者に弁護を依頼する権利を有すること、④労働規律違反の処分を行う際は文書を作成すること、といった要件が必要であるため注意すべきである。

質問38

企業の出資者でない外国人従業員に労働契約は必要なのか。

答え　企業の出資者でない外国人従業員との労働契約の要否について、労務関係と税務上の損金算入条件を考慮すると、労働契約が必要となる場合がある。通常、ベトナムで働いている外国人労働者は、企業の出資者でなければ、外国の親会社からの出向か、現地採用のどちらかの形態となる。

現地採用の形態で入社する外国人労働者は、ベトナム人労働者と同様に、やはり労働契約書を締結する必要がある。

本社からの出向の場合、基本的に労働契約はいらず、任命状があれば十分であるが、出向者への給与を一部でもベトナム現地法人が負担する場合は、企業側で損金算入するために、労働契約書が必要となる。

なお、外国人従業員との労働契約につき、次の事項を留意する必要がある。

①締結タイミング：労働許可証取得後に限り締結すること。即ち、労働契約は労働許可証の発行日以前に締結してはならない。

②地方労働傷病兵社会福祉局への届け出：新たな契約を締結した後5営業日以内に地方労働傷病兵社会福祉局に契約書・労働許可証の複写を届け出ること。

③ 労働契約書の内容：
役職、職場などに労働許可証上の内容と相違がないこと。3カ月以上の有期労働契約を締結する場合、本人と会社は健康保険加入が必要となる。

質問39

女子従業員の出産に関する各規則にはどのようなものがあるか。

答え　出産に関しては、労働法及び社会保険法に様々な規則があり、総括的に次のような点に留意する必要がある。

●出産休暇及び待遇

イ　出産前後に連続合計6カ月の休暇を取得できる。さらに、双子以上の多胎児が生まれた場合は、第二子から一人当たり1カ月の追加休暇を取得することができる。出産前の休暇期間は2カ月を超えないものとする。

ロ　出産休暇終了後、必要があれば、会社との合意により女性の従業員は無給の休暇を延長できる。また、早期職場復帰を希望する場合、健康上支障をきたさないとの医師の証明書があれば、会社との合意の上、出産休暇終了以前に出勤することができるが、最低4カ月休暇を経過していなければならない。

ハ　妊娠期間中に診察のため5回の休暇を取得することができ、1回につき1日とする。ただし、医療機関が遠いもしくは異常妊娠などである場合は1回あたり2日の休暇を取得できる。

ニ　出産後12カ月間は、女性の従業員は、1日につき60分の休憩を取る権利を有し、その休憩は給与の減額には関係しないものとする。

●出産手当について

イ　出産休暇日に対して、女性の従業員は社会保険料納付額の基礎となる月給（出産休暇直前6カ月間の平均）の１００パーセントに相当する出産手当を社会保険から受け取ることができる。早期職場復帰の場合、就業日に対する給与を雇用主から支給され、同時に出産手当を引き続き受けることができる。

ロ　子供の病気の看病を理由に休暇を取る際に、社会保険納付額の基礎となる月給（休暇直前の月分の平均）の75パーセントに相当する額の社会保険手当を受け取ることができる。対象となる休暇日数は子供が3歳未満の場合、年間20日間まで、子供が3歳～7歳未満の場合、年間15日間までである。

●労働契約について

イ　雇用主は、企業が活動を停止する場合を除き、結婚、妊娠、出産休暇又は満一歳未満の子供の育児を行っている女子従業員に対して解雇又は一方的な労働契約解除を行ってはならない。

ロ　雇用主は、妊娠7カ月目を超える女性従業員、生後12カ月未満の子供を養育中の女性従業員に対し、時間外労働、深夜労働、遠隔地勤務をさせてはならない。

●妻が出産するときの男性従業員の休暇

男性従業員は社会保険加入中に妻が出産する時、以下のとおり休暇を取得できる。なお、取得時間は妻の出産日から30日以内の期間中とされる。

イ　5日間

ロ　妻の出産に手術を要する場合、32週以下の出産の場合、7営業日

ハ　双子出産の場合、10日間で、第三子から一人当たり3営業日の追加休暇を取得することが可能

ニ　双子出産で手術を要する場合、14営業日

質問40

労働者の試用期間に関する留意点は何か。

答え　試用期間について、会社側として以下の事項を留意すべきである。

①**季節的労働契約を締結する場合、試用期間は不要である。**

②必要に応じて試用契約を書面において締結することが可能である。

③試用期間：

業務の難易度によって異なるが、1つの業務に対して1回限り試用が適用されるとし、試用期間は次のとおりである。

a 短期大学卒以上で高度に専門的な能力を要する業務の場合、最長で60日とする。

b 専門学校・中級学校卒などで中度に専門的な能力を要する業務の場合、最長で30日とする。

c その他の従業員は最大6営業日とする。

試用期間終了の際、労働者の希望があったとしても試用期間を延長することはできない。

④試用期間中の給与：

試用期間中の給与は同職正社員の給与の85パーセントを下回ってはならない。

⑤保険加入義務：

強制社会保険制度は、3カ月以上の期間の定めのある労働契約及び期間の定めのない労働契約に基づいて労働者を雇用する企業、機関及び組織に適用される。したがって、試用期間中の労働者は強制保険加入を義務付けられないが、本人の希望があった場合は、任意で保険に加入できる。

⑥個人所得税：

税務上、試用期間中には、所得金額に関係なく一律10パーセント課税される。

⑦試用契約終了の通知：

労働法第29条によると、試用期間中に、会社が試用従業員の能力、知識、労働技能、労働態度、または健康状態がその従業員に与えられた職種が求めるものを満たすことが出来ないと判断した場合、事前の通知することなく一方的に試用期間を終了する権利がある。もっとも、２０１５年の政令においては、60日、30日の試用期間の場合、その試用労働の終了３日前に雇用者は試用期間労働の結果を労働者に通知しなければならないとされ、6営業日の試用期間の場合、試用期間の終了後に試用期間労働の結果を労働者に通知しなければならないと規定されたため、会社側の要求を満たさなかった内容については通知が必要とされた。

⑧試用期間は、退職金算定用の勤続期間にも含まれる：

なお、労働法第48条、第49条に定められ、退職金・離職金は企業で連続12カ月以上勤務している労働者を対象として退職の際に支給される金額である。

⑨試用体制に関する違法行為に対する罰金：

・①に違反する行為に対して、現金で罰金50万VND～100万VNDが課される。

・③、④に違反する行為に対して、現金で罰金2百万VND～5百万VNDが課される。

質問41

日本で研修させたベトナム人労働者が、現地法人での勤務開始後3カ月で退職した。研修費用を返還させることはできるか。

答え　会社の費用でベトナム人労働者を一定期間日本などで研修させることが

よく行われている。このような労働者がベトナムでの勤務に復帰後すぐに退職することを防止するため、退職時の研修費用の返還について会社と労働者の間で合意を取り交わすケースがある。

研修費用返還について、労働法は以下のとおり規定している。労働法第43条は「労働者が法律に反して一方的に労働契約を終了」させた場合の労働者の義務について、同条第3項で「(労働者は)本労働法第62条に従って使用者に研修費用を返還しなければならない。」と規定している。そして、労働法第62条は両当事者が職業研修契約を締結しなければならないとし、その内容として以下のものを規定している。

a 研修する職業

b 研修場所、研修期間

c 研修費用

d 研修後に労働者が使用者のために就労しなければならないと保証する

期間

e 研修費用の返還責任

f 使用者の責任

労働法でも、研修費用返還のルールは曖昧であるため、いかなる場合に研修費用返還が認められるかが明確ではない。労働法第43条によれば、「労働者が法律に反して一方的に労働契約を終了」した場合に研修費用返還が認められるため、労働者が有期労働契約の継続中に法定の事由がないにも係らず一方的に労働契約を終了すれば、研修費用返還が認められることは明らかとなる。

一方、労働者が使用者と無期労働契約を締結している場合、労働者は45日前の通知さえすれば労働契約を終了できるため（労働法第37条第3項）、当該通知さえあれば、「労働者が法律に反して一方的に労働契約を終了」した事例には該当しないように考えられる。そうすると、無期労働契約については事実上研修費用を返還させることが難しいようにも思われるが、結論としては明らかに不合理となる。

この点はいくつか考え方があり得るところだが、①労働法第43条は、「労働者が法律に反して一方的に労働契約を終了」した場合に「(労働者は)本労働法第62条に従って使用者に研修費用を返還しなければならない」と規定しているだけであって、それ以外の場合に研修費用の返還を認めないとは規定しているわけではないこと、②労働法第62条第2項は、職業研修契約の内容として、「研修後に労働者が使用者のために就労しなければならないと保証する期間」や「研修費用の返還責任」を含むと規定していることからすると、使用者及び労働者の間で合意をすれば、「労働者が法律に反して一方的に労働契約を終了」した場合でなくとも、研修費用の返還は認められる余地が十分にあると考えられる。

よって実務上、労働者を一定期間日本などで研修させる場合には、労働者との間で職業研修契約を締結し、同契約において、就労を保証させる期間、研修費用の返還を求めるケース及び返還を求める研修費用の内訳・金額などを明確に規定しておくことが重要である。

質問42

社会保険、健康保険及び雇用保険の負担割合はどの程度か。

答え 社会保険、健康保険及び雇用保険の負担割合は以下のとおりとなる。計算のベースとなる賃金の上限については、公務員の最低賃金の20カ月分となる。

	使用者負担	労働者負担
社会保険※1	18パーセント	8パーセント
医療保険	3パーセント	1.5パーセント
雇用保険※1、2	1パーセント	1パーセント

※1 社会保険は、現在はベトナム人だけしか加入できないが、2018年1月1日より、外国人も加入対象になる。

※2 雇用保険は2014年まで10人以上の会社のみ適用。2015年1月1日からは全ての会社に適用されている。

質問43

試用期間中に有給休暇は取れるか。またその日数は何日か。

答え ２０１３年5月10日に発行された政府政令Decree 45/2013/ND-CP第６条２項において、労働契約に記載されている試用期間でも有給休暇（勤務期間１カ月に付き１日）を取得することが可能である。従って、２カ月間の試用期間では有給休暇を最大２日取得できる。

質問44

強制社会保険及び健康保険に関する手続きにはどのようなものがあるか。

答え **1. 新設法人・他の市から移転した法人の強制社会保険及び健康保険への加入登録**

手続き期限：労働契約締結日から30日以内かつ投資証明書発行日から30日以内。

2. 従業員増加届出が必要な場合：

・新入社員と正式な雇用契約を締結する場合

・事前に従業員減少届出を行ったが、その従業員が職場に戻る場合

※従業員減少届出の場合は次の第3項を参照のこと。

3. 従業員減少届出が必要な場合：

・従業員が退職する場合

・産休、当月14日間以上無給休暇及び病気休暇（給与なし）を取得する場合

4. 従業員退職時の社会保険手帳返却：

従業員が退職する場合、雇用者は失業保険加入期間確定手続きを実施しなければならない。また、従業員が失業手当の手続きを行うために、雇用者は従業員に社会保険手帳を返却しなければならない。

5. 納付条件、納付金額変更が必要な場合：

社会保険料計算用給与（1）・賃金・手当、役職、労働条件、職場、強制社会保険・健康保険・失業保険の保険料、社会保険に加入した際の給与などを変更する場合

（1）労働契約書に記載された給与・賃金で、一般的な最低賃金の20カ月分を超えない。

6. 社会保険料の訂正が必要な場合：

・社会保険料計算用給与・賃金を遡及して修正する場合

・社会保険、健康保険納付に関する規定に違反している場合

※手続き期限は発生日から30日以内。

なお、地域の社会保険機関の規制によって、手続きの所要時間が異なるので注意されたい。

質問45

外国人のベトナムでの労働許可証の取得制度はどのようなものか。

答え 外国人はベトナムで就労するために、労働許可証を取得しなければならない。但し、申請するのはその外国人本人ではなく、就労する企業や事務所が申請する仕組みになっている。

申請の流れは主に2段階に分かれる。

① **ステップ1：外国人労働者の使用ニーズの登録申請（人数と役職を申請する）**

② **ステップ2：上記ステップ1で承認された人数と役職の枠で、本申請を行う。**

また、申請するパターンとしては3つ（管理者、専門家、技術者）があるが、それぞれは対象と申請条件が異なる。なお、最新法令11/2016/ND-CPにより、これまで日本人駐在員の申請が比較的容易だった管理者の条件は厳しくなり、会社の法的代表者や事務所の所長などに限定されるなど、申請できる対象者も絞られる。

質問46

労働許可証と労働ビザの違いは何か。

答え　ベトナムに赴任する場合、労働許可証と労働ビザ（あるいはレジデンスカード）の両方が必要である。その2つの位置づけはよく混同されるが、労働許可証は「ベトナムでの就労」を、労働ビザは「ベトナムでの労働者としての滞在」を許可するものである。なお、労働許可証がない限り、労働ビザも発行されない。

質問47

会社内に労働組合を作る意味はあるか。

答え　会社内の労働組合は、多くの場面で労働者の代表として会社内の手続きに関与する。例として、以下のような場面が想定される。

【就業規則制定】

・就業規則を公布する前に、使用者は労働組合の意見を参考とするための聴取が必要。

・就業規則の登録のためには、「事業所における労働組合による見解書」が必要。

・就業規則の変更にも意見聴取が必要。

【懲戒手続き】

・懲戒手続きには、労働組合の代表組織の参加が必要。

・懲戒の審査中の、労働者の一時業務停止についても労働組合の代表組織の意見聴取が必要。

企業内に労働組合がない場合には、地区を管轄する上級の労働組合の意見を求める必要があるが、上級の労働組合は非協力的であることも多く、手続きの都度協力を要請するのは煩雑である。したがって、就業規則の作成・改訂や懲戒手続きなどをスムーズに行うためにも企業内に労働組合を作る必要性は高い。

質問48

労働組合の費用負担は如何ほどか。

答え

労働組合に関する費用負担は以下のとおり。労働組合がある場合と、ない場合とで労働者の負担が異なる。計算のベースとなる賃金の上限は、公務員の最低賃金の20カ月分となる。

	組合員費用（労働者負担）	労働組合経費（使用者負担）
企業内労働組合がない企業	・負担なし。	・賃金の2パーセント。但し、上限あり。 ・労働組合経費は全て上級労働組合に納め、上級労働組合は支払いを受けた金額の65パーセントを組合活動に使用することができるが、余った部分は企業内労働組合が設立されたときに基礎労働組合に支払われる。
企業内労働組合がある企業	・賃金の1パーセント。 ・組合員費用のうち60パーセントは基礎労働組合に割り当てられ、40パーセントは上級労働組合に割り当てられる。	・賃金の2パーセント。但し、上限あり。 ・労働組合経費のうち、65パーセントは企業内労働組合に割り当てられ、35パーセントは上級労働組合に割り当てられる。

※以上のQ&Aはアイ・グローカルに寄せられた質問とその回答をまとめたものです。
詳細について知りたい場合は、下記までお問い合わせください。

アイ・グローカル（ベトナム・ホーチミン事務所）
電話: +84-8-3827 8096／FAX: +84-8-3827 8097
info@i-glocal.com

主な参考文献

司馬遼太郎『人間の集団について―ベトナムから考える』中央公論社・1974年
坪井善明『ヴェトナム―「豊かさ」への夜明け』岩波書店・1994年
小倉貞男『物語ヴェトナムの歴史―一億人国家のダイナミズム 物語 ヴェトナムの歴史 一億人国家のダイナミズム』中公新書・1997年
鎌田隆『ベトナムの可能性―ドイモイの「未来社会像」』シイーム出版・2006年
高橋修史（監修）『マンガと図解80分でわかるベトナム』ATパブリケーション・2013年
江上剛『負けない日本企業 アジアで見つけた復活の鍵』講談社・2014年
※そのほか、外務省や日本貿易振興機構（JETRO）、国際協力銀行（JBIC）などのデータや資料も参考にした。

共著者略歴

蕪木優典（かぶらぎ・ゆうすけ）

1972年生まれ。1994年慶応義塾大学経済学部卒業。1996年朝日監査法人（現あずさ監査法人）に入所。2000年アンダーセンベトナム（現 KPMG ベトナム）に出向し、以来、ベトナムでのビジネスに携わる。同年、日本人で初めてベトナム公認会計士試験に合格し、ベトナム公認会計士登録。2003年ベトナム初の日系資本会計事務所（現 I-GLOCAL グループ）創業。2010年、カンボジア初の日系資本会計事務所創業。2011年カンボジア会計士協会に会計士登録。日本、ベトナム、カンボジアを往き来しながら「ワクワク経営」を実践中。

實原享之（じつはら・たかゆき）

1983年生まれ。株式会社I-GLOCAL代表取締役。公認会計士（米国/ベトナム/カンボジア）。神奈川県横須賀市出身。ベトナム・ホーチミン市在住。2007年神戸大学建設学科卒業。事業会社で営業と経理を経験後、2009年にI-GLOCALに入社。2010年に日本人としては4人目、外国人として最年少でベトナム公認会計士試験合格。2012年よりベトナム現地法人であるI-GLOCAL CO., LTD.の社長に就任。2016年より現職。ベトナムに常駐し、ベトナム・カンボジアへの日系企業の進出とその後の経営管理全般を支援している。

工藤拓人（くどう・たくと）

1985年生まれ。弁護士法人キャストホーチミン支店代表。日本国弁護士（大阪弁護士会所属）、ベトナム登録外国弁護士。2008年東北大学法学部卒業。2010年神戸大学法科大学院卒業。2011年に弁護士登録し、弁護士法人キャストに参画以来、主に一般企業法務及び日系企業の中国・ベトナム事業の法務サポートを行う。2014年よりベトナムに赴任し、ベトナムにおける日系企業の設立・運営に関して契約書作成検討・労務・税関などの法務に広く携わる。

Tran Nguyen Trung（チャン・グェン・チュン）

1980年生まれ。2000年ホーチミン市工科大学を中退し日本に留学。大阪大学大学院を卒業後、日本の大手ITベンダーを経て、2008年ベトナムに帰国。2009年I-GLOCAL入社後、主に日系企業のベトナム進出をサポート。現在はI-GLOCAL経営陣の一員として経営に携わりつつ、多数の日系企業のマネジメントも支援中。

実践ワクワク経営

これからの
ベトナムビジネス

2016年5月16日　初版発行

著者　実践ワクワク経営チーム
（蕪木優典、實原享之、工藤拓人、Tran Nguyen Trung）

発行者　古川　猛
発行所　東方通信社
発売　ティ・エー・シー企画
〒101-0054
東京都千代田区神田錦町1-14-4
東方通信社ビル4階
電話　03-3518-8844
FAX　03-3518-8845

http://www.tohopress.com/

装幀　川井田有希（バリュークリエイト）
印刷・製品　シナノ印刷

乱丁・落丁本は小社にてお取り替えいたします。ご注文・お問い合わせについて小社までご連絡ください。本書の複写・複製・転載を小社の許諾なく行うことを禁じます。希望される場合は小社までご連絡ください。